Lektüreschlüssel XL

für Schülerinnen und Schüler

Max Frisch

Andorra

Von Sabine Wolf

Reclam

Dieser Lektüreschlüssel bezieht sich auf folgende Textausgabe:
Max Frisch: *Andorra. Stück in zwölf Bildern.* Frankfurt a. M.: Suhrkamp Verlag, [76]2015. (st 277).

Lektüreschlüssel XL | Nr. 15459
2018 Philipp Reclam jun. Verlag GmbH,
Siemensstraße 32, 71254 Ditzingen
info@reclam.de
Druck und Bindung: Esser printSolutions GmbH,
Untere Sonnenstraße 5, 84030 Ergolding
Printed in Germany 2025
RECLAM ist eine eingetragene Marke
der Philipp Reclam jun. GmbH & Co. KG, Stuttgart
ISBN 978-3-15-015459-5
reclam.de

Inhalt

Inhalt

1. Schnelleinstieg

Autor	Max Frisch, 15. Mai 1911 – 4. April 1991, Architekt und Schriftsteller
Erscheinungsjahr und Uraufführung	• im Herbst 1961 im Suhrkamp-Verlag (Frankfurt a. M.) erschienen • 2. November 1961: Uraufführung in Zürich
Entstehungszeit	• Idee: 1946 (festgehalten in seinem Tagebuch) • Prosaskizze »Der andorranische Jude« (auch 1946) • Arbeitsbeginn am Stück: 1958, insgesamt fünf Vorfassungen vor der Fertigstellung 1961 • Überarbeitung während der Proben für die Uraufführung 1961
Ort und Zeit der Handlung	• ein Kleinstaat namens Andorra – ohne Bezug zum realen Staat Andorra in den Pyrenäen • keine Zeitangabe möglich, die Handlung soll bewusst »zeitlos« sein (Modellcharakter). Allerdings Bezugnahme auf NS-Zeit
Aufbau	• 12 Szenen (»Bilder«) mit der Haupthandlung • 9 Zwischenszenen (»Vordergrund«) mit reflektierenden Retrospektiven

Andorra, am 2. November 1961 uraufgeführt, war sofort ein großer Erfolg und ist seitdem nicht nur ein sehr häufig aufgeführtes Theaterstück auf deutschsprachigen Bühnen geworden, sondern auch in den Kanon der Schullektüren eingegangen.

Das Drama behandelt eine der brennendsten Fragen der deutschen Nachkriegsgeschichte: Wie konnte es zu dem Zivilisationsbruch des NS-Staates mit dem bis dahin unvorstellbaren Verbrechen des Völkermords an den Juden kommen? Für Max Frisch waren dabei nicht die Täter im engeren Sinn interessant, sondern die vielen Mitläufer, genau genommen also auch die Zuschauer des Stücks im Parkett. Wie sind sie schuldig geworden, und warum sprechen sie sich davon frei?

Er betrachtet sein Drama allerdings als Modell, das über die konkrete historische Situation hinausweist:

> »Eigentlich handelt das Stück gar nicht vom Antisemitismus. Der Antisemitismus ist nur ein Beispiel.
> [...]
> Warum ich den ›Jud‹ zum Beispiel nahm? Sein Schicksal liegt uns doch am nächsten, macht die Schuldsituation am deutlichsten.«[1]

Dies wurde ihm zwar von einem Teil der Kritik zum Vorwurf gemacht, ist aber für heutige Leser und Zuschauer wieder von Interesse: Gibt es nicht immer wieder vergleichbare Situationen auch in unserer Ge-

1 Max Frisch, in: Ernst Wendt / Walter Schmitz (Hrsg.), *Materialien zu Max Frischs ›Andorra‹*, Frankfurt a. M. 1978, S. 54.

genwart? Frisch interessiert sich dafür, wie die Anfänge aussehen,

> »die kleinen und scheinbar noch harmlosen Ansätze, die ersten Risse in der Mauer; das bedenkenlose Mitmachertum, die Feigheit, lange bevor Widerstand nur noch für Märtyrer-Typen in Frage kommt. Insofern nicht Rückblick auf das Großverbrechen, sondern didaktisch in der Untersuchung, wie kann das anfangen.«[2]

Max Frisch zeigt das an dem Schicksal Andris, des 20-jährigen Sohns des andorranischen Lehrers Can. Der Lehrer hat ihn stets als jüdisches Findelkind ausgegeben, tatsächlich aber ist er sein leiblicher Sohn, die Mutter eine »Schwarze« aus dem Nachbarland. Da die »Schwarzen« Feinde der Andorraner sind, hat der Lehrer dies nie offenbart. Das Drama zeigt, wie sich die Andorraner, in ständiger Angst vor einem drohenden Angriff der »Schwarzen«, immer mehr von Andri distanzieren, ihn mithilfe antisemitischer Vorurteile zum Sündenbock machen und ihn, obwohl unterdes bekannt wird, dass er eigentlich kein »Jud« ist, nach dem Einmarsch der »Schwarzen« seinem Schicksal überlassen, dem Tod am Pfahl. Auf der anderen Seite steht Andri, der auf der Suche nach seiner Identität an dem »Bild«, das sich die Andorraner von ihm machen, zerbricht und die ihm zugewiesene Rolle schließlich bewusst annimmt.

2 Max Frisch, in: Wendt/Schmitz (Anm. 1), S. 19.

2. Inhaltsangabe

Erstes Bild

Im Ersten Bild werden folgende Probleme aufgezeigt: 1. Der Soldat stellt Barblin nach; 2. es droht ein kriegerischer Überfall, der vor allem für Andri gefährlich wäre (Barblin im Gespräch mit dem Pater); 3. der Tischler will Andri nicht ausbilden und verlangt deshalb vom Lehrer einen enorm hohen Preis; 4. der Wirt nutzt die Not des Lehrers wirtschaftlich aus; 5. Andri führt eine Auseinandersetzung mit dem Soldaten wegen Barblin. Das Erste Bild hat die Funktion einer Exposition, in der die Ausgangssituation des folgenden dramatischen Konflikts dargelegt wird.

■ Barblin und der Soldat

Zu Beginn weißelt Barblin das Haus ihres Vaters, dies dient der Vorbereitung auf den kommenden Feiertag, den »Sanktgeorgstag« (S. 7). Der Soldat, der sie dabei beobachtet, zeigt unverhohlen sein erotisches Interesse an ihr. Barblin jedoch versucht dies mit dem Hinweis auf ihre Verlobung abzuwehren.

■ Angst vor einem Überfall

Mit dem Pater bespricht Barblin die in Andorra kursierenden Gerüchte von einem Angriff der Schwarzen, die »neidisch sind auf unsre weißen Häuser« (S. 10), und von dem Schicksal, das den Juden (Nackenschuss am Pfahl) und deren Bräuten (Kahlrasieren des Kopfes) drohe. Der Pater kennt den eigentlichen Grund für Barblins Besorgnis: »Kein Mensch verfolgt euren Andri« (S. 10), weiß aber nichts zu entgegnen, was Barblin wirklich beruhigen würde –

»friedlich«, »schwach«, »fromm« (S. 11), so sieht er das Heimatland. Ihre Frage: »Und wenn sie trotzdem kommen?« (S. 11), lässt er unbeantwortet.

Eine Verhandlung zwischen dem Lehrer und dem Tischler über die Möglichkeit, Andri auszubilden, endet in einer Übereinkunft zu einem Wucherpreis: »Prader, das ist Wucher, 50 Pfund für eine Tischlerlehre!« (S. 14). Der Tischler hält Andri als Juden eigentlich für ungeeignet für eine handwerkliche Tätigkeit. Der Lehrer kann das Geld nur aufbringen, indem er sein Land sehr billig, zu billig, an den Wirt verkauft, der die Lage des Lehrers auszunutzen weiß.

Wucherpreis für eine Lehrstelle

Die Prozession zum Sanktgeorgstag kreuzt die Szenerie, Barblin nimmt daran teil. Auf Andris Ankündigung, eine Tischlerlehre machen zu können, reagiert sie nicht, sie folgt der Prozession. Beendet wird die Szene durch eine Konfrontation zwischen Andri und dem betrunkenen Soldaten, der seine sexuellen Absichten gegenüber Barblin nun auch bei ihrem Verlobten deutlich macht. Andri stellt sich ihm mutig entgegen.

Gewaltbereitschaft des Soldaten

Vordergrund

Die Vordergrund-Szene spielt (wie die meisten) nach Abschluss der dramatischen Ereignisse: »nach Jahr und Tag« (S. 24). Der Wirt bestätigt, dass sich »damals« »alle getäuscht« hätten und er geglaubt habe, was »alle geglaubt haben« (S. 24). Damit enttarnt er sich nicht nur als Mitläufer, er hält dies auch für

Der Wirt

einen Beweis seiner Unschuld. Die Geschichte des Lehrers, die Fehlinformation über Andris Abstammung, habe er »großartig« gefunden. Zum Schluss reduziert er alles auf eine Aussage: »Ich bin nicht schuld« (S. 24). Dass er damit die Ermordung eines Juden implizit billigt, scheint er nicht zu beanstanden oder nicht zu merken. Er lässt vieles ungesagt, z. B. den Betrug am Lehrer beim Landabkauf oder dass er vermutlich den Mord an der Senora begangen hat, der Anlass für die Invasion der »Schwarzen« ist und für den Andri verantwortlich gemacht wird, wie sich später abzeichnet.

Zweites Bild

Die fünf folgenden Bilder (2.–6.) sind geprägt von Andris Identitätssuche angesichts der fortgesetzten Ablehnung der Andorraner, die ihre Vorurteile gegen den »Jud« pflegen.

■ Krisengespräch

Im zweiten Bild führen Andri und Barblin ein Krisengespräch vor ihrer Kammer. Andri denkt über die Vorwürfe nach, denen er in zunehmendem Maße ausgesetzt ist: Gefühllosigkeit, Geilheit (ohne Gemüt), Feigheit. Er macht außerdem seinem Ärger Luft, dass er dem Lehrer gegenüber zur Dankbarkeit verpflichtet sei, da er ihn als Baby gerettet habe, und erzählt, dass die anderen ihm wieder ein Bein gestellt hätten.

Barblin hingegen möchte nicht über Andris Probleme sprechen, sie versucht stattdessen, Andri zu verführen, z. B. indem sie ihm anbietet, ihre Bluse auszuziehen. Auf seine Schilderungen geht sie nicht ein, sondern versucht, ihn von seinen düsteren Gedanken abzubringen.

Angespanntheit

Die Angespanntheit der Lage wird dadurch deutlich, dass die beiden, trotz Barblins Verführungsversuchen und der Küsse, vor der Kammer bleiben und nicht hineingehen. Auf das Geräusch einer Katze reagieren beide schreckhaft und verunsichert, das Grölen in der Ferne bringt Barblin zu dem Geständnis, dass sie das Haus nicht öfter als notwendig verlasse. Die Nacht ist schon bald vorüber, es schlägt drei Uhr, doch Andri will die ganze Zeit wach bleiben und Barblin später wecken. Im Glauben, dass seine Schwester schlafe, verbalisiert Andri seine Befürchtung, dass es verfluchte Menschen gebe, die als Sündenböcke für das Böse dienen müssten: »Das ist kein Aberglaube, o nein, das gibt's, Menschen, die verflucht sind, und man kann machen mit ihnen, was man will« (S. 28).

Ungesagtes

Auffällig ist, dass die beiden mit keinem Wort erwähnen, dass die Zukunft für sie scheinbar nicht ganz so schwarz aussieht: Andri weiß ja nun, dass er eine Tischlerlehre absolvieren kann und dass die Heirat der beiden daran anschließt.

Vordergrund

Der Tischler

Der Tischler gibt zwar zu, dass er einen überhöhten Preis für die Aufnahme Andris als Lehrling nahm, lässt alle weiteren Schlussfolgerungen, die er ziehen könnte, aber unausgesprochen. Er beklagt nur, dass Andri nicht Verkäufer habe werden wollen. Er gibt vor, es gut gemeint zu haben mit Andri, und betont seine Unschuld am Geschehen. Damit nimmt er vorweg, dass Andris Lehre in der Tischlerei keinen guten Ausgang nehmen wird. (Und der Zuschauer kann sich darauf konzentrieren, wie es dazu kommt, dass Andri Verkäufer wird.)

Drittes Bild

Zuspitzung der Handlung: Abbruch der Tischlerlehre durch unfaires Verhalten des Tischlers und des Gesellen, Versetzung in den Verkauf.

Andri und der Geselle Fedri haben jeweils einen Stuhl angefertigt. Sie reden über ihre neu geschlossene Freundschaft und die Absicht, Andri in die örtliche Fußballmannschaft (deren Kapitän der Geselle ist) aufzunehmen. Fedri überprüft die hervorragende Qualität von Andris Stuhl, der Auftritt des Tischlers unterbricht die beiden. Andri spricht ihn auf die vereinbarte Lehrlingsprobe an, die der Tischler vergessen hatte, dann aber sogleich vornimmt: Er prüft den Stuhl, den Andri seiner Meinung nach hergestellt hat. Die Qualität ist so schlecht, dass der Tischler den

Lehrlingsprobe

Stuhl mühelos kaputtmachen kann. Andris Einsprüche, dass er den falschen Stuhl prüfe, überhört er mehrfach. Der herbeigerufene Geselle steht nicht zu seiner Arbeit, sondern antwortet ausweichend, so dass der Tischler weiter davon ausgehen kann, dass Andri schlechte Arbeit geleistet hat. Dies schreibt er dem mangelnden handwerklichen Talent des vermeintlichen Juden zu: »Tischler werden ist nicht einfach, wenn's einer nicht im Blut hat.« (S. 32) Er versetzt ihn folglich in den Verkauf, da er dort die wahren Qualitäten Andris vermutet. Andris Aufbegehren, den erneuten Versuch, dem Tischler klarzumachen, dass er von falschen Voraussetzungen ausgehe, weist der Tischler recht unwirsch zurück.

Andri erhält dann noch ein sich verschlechterndes Angebot für seine Arbeit im Verkauf: »Für jede Bestellung, die du hereinbringst mit deiner Schnorrerei, verdienst du ein halbes Pfund. Sagen wir: ein ganzes Pfund für drei Bestellungen.« (S. 35) Mangels Arbeitsalternative muss er annehmen.

Vordergrund

Nach den Geschehnissen in der Tischlerei und der damit einhergehenden Erniedrigung Andris, tritt der Geselle in den Vordergrund. Der scheint seine Schuld im Nachhinein zwar erkannt zu haben – schließlich beginnt er seine Aussage mit den Worten »Ich geb zu: Es war mein Stuhl und nicht sein Stuhl.« (S. 36) –, doch zieht er daraus nicht die eigentlich logischen

Der Geselle

Schlussfolgerungen. Stattdessen beschränkt er sich darauf, aufzuzählen, weshalb Andri die Mitschuld an allem trage. Sein Einwurf, man habe Andri beim Fußballspielen dabeihaben wollen, kann bei wohlwollender Betrachtung als schlechtes Gewissen gesehen werden.

Am Ende betont auch er, dass er nicht schuld daran sei, dass Andri geholt wurde.

Viertes Bild

Andri wird erneut mit gängigen Vorurteilen gegen Juden durch den Doktor konfrontiert; der Vater verweigert die Zustimmung zur geplanten Hochzeit von Andri und Barblin.

■ Antisemitismus des Doktors

In Anwesenheit der Mutter untersucht der Doktor Andri – er hat eine harmlose Halsentzündung. Davon ausgehend, dass es sich um einen Andorraner handele, äußert er sich sehr patriotisch über seine Heimat; zugleich wird deutlich, dass ihm die Karriere andernorts verwehrt geblieben ist, und er den Juden daran die Schuld gibt: Er beklagt die Besserwisserei und den Ehrgeiz der Juden in der akademischen Welt. Da sie zudem »auf allen Lehrstühlen der Welt« (S. 40) hocken würden, könne der schlichte Andorraner einpacken. Dies habe ihn dann zurück in die Heimat gebracht. Er gibt an, »nicht für Greuel« zu sein und schon »Juden gerettet« (S. 40) zu haben. Nachdem er von der Mutter über Andris wahre Herkunft in Kenntnis gesetzt worden ist, verteidigt er sich, zeigt aber kein wirkliches Bedauern und macht gleich typisch jüdische Eigenschaften an Andris Verhalten fest (»sie verstehen keinen Spaß«, S. 42), obwohl er ihn kurz zuvor noch als vorbildlichen Andorraner identifiziert hat.

Wutanfall des Lehrers

Der Vorfall mit dem Doktor macht den Lehrer wütend, er wirft ihn aus dem Haus und redet anschließend auf Andri ein, um sein eigenes Gewissen zu beruhigen. Statt die Wahrheit zu sagen, deutet er nur an: »Sie wissen ja nicht, was sie reden, und ich will nicht, daß du am Ende noch glaubst, was sie reden. Denke dir, es ist nichts dran« (S. 44).

Scheiterndes Handanhalten

Mutig hält Andri nun beim Vater um Barblins Hand an. Dazu erzählt er die gemeinsame Lebens- und Liebesgeschichte, die teilweise von großer Verzweiflung und einem gemeinsamen Selbstmordversuch geprägt war. Doch der Vater lehnt ohne Begründung ab. Barblin reagiert verzweifelt, die Mutter ist voller Unverständnis, und Andri führt die Verweigerung der Zustimmung auf seine Abstammung zurück: »Weil ich Jud bin.« (S. 47) Daraufhin bekommt der Lehrer erneut einen Wutanfall, nennt aber wieder nicht den wirklichen Grund: dass Andri und Barblin leibliche Geschwister sind.

Fünftes Bild

Das Fünfte Bild zeigt die Reaktion des Lehrers: Er betrinkt sich.

In der Pinte

Der Lehrer sitzt vor der Pinte. Angetrunken bringt er sein Problem, die Wahrheit zu sagen, zur Sprache.

Er vergleicht die Lüge mit einem wachsenden Egel, den er nicht mehr loswird, und sinniert über die Vergangenheit.

Der Jemand berichtet von den Drohungen von »da drüben« (S. 49) – gemeint sind die Schwarzen, die eine latente Bedrohung für die Andorraner darstellen – und stellt nach dem Weggang des Lehrers die vorausdeutende und banal wirkende Überlegung an »Wenn der so weitermacht, der nimmt kein gutes Ende, möchte ich meinen …« (S. 50).

Sechstes Bild

Das Sechste und Siebte Bild sind der Höhe- und Wendepunkt des Dramas. Im Sechsten Bild versucht der Soldat, Barblin zu vergewaltigen, Andri missversteht die Situation; der Lehrer will die Wahrheit sagen, scheitert aber.

Andri sitzt vor Barblins Kammer. Während er kurz eingeschlafen ist, gelingt es dem Soldaten jedoch, in Barblins Kammer zu gelangen und sie zu überwältigen.

■ Eindringen des Soldaten

Vom Verriegelungsgeräusch der Tür erwacht Andri, der im Glauben ist, Barblin höre hinter der Tür, was er sagt. Er berichtet von seiner inneren Veränderung, von dem Hass und der Gleichgültigkeit, die er nun empfinde, und von seinem Fluchtplan: »Ich hasse ihr Land, das wir verlassen werden, und ihre Gesichter alle.« (S. 52) Barblin sei der einzige Mensch, den er noch liebe. Die Verhaltensänderung geschieht entsprechend

■ Monolog Andris

dem, was er zu hören bekam: so ist ihm beispielsweise Geld wichtig geworden (zuvor hatte er sein Trinkgeld gleich in die »Klimperkiste« – so nennt er das Orchestrion – geworfen, nun spart er und zählt es).

Der betrunkene Lehrer sucht Andri auf und möchte ihm die Wahrheit sagen. Andri will ihm jedoch aufgrund seines Trunkenseins kein Gehör schenken: »sag nicht immer: Mein Sohn! wenn du blau bist.« (S. 53) Der Lehrer schafft es nicht, Andri zu sagen, dass er sein leiblicher Sohn ist. Er erfährt von Andris Enttäuschung und der Annahme der Rolle des Juden. Dies zeigt sich in einem schauspielernden Verhalten im Verkauf und an den Zielen, die er nun verfolgt: »Ich muß reich werden. [...] Weil ich ein Jud bin.« (S. 56)

■ Misslingende Kommunikation mit dem Lehrer

Nachdem der Lehrer gegangen ist und eine Reaktion Barblins nach wie vor ausgeblieben ist, ist Andri besorgt und versucht, die Türe einzurennen. Der halbnackte Soldat öffnet sie jedoch, sein Gürtel ist offen; die beabsichtigte Vergewaltigung ist gestört. Andri muss aber den Schluss ziehen, dass er sich einvernehmlich bei Barblin befindet, da er nichts gehört hat.

■ Entsetzen und Missverständnis bei Andri

Vordergrund

Wie die anderen Andorraner auch beginnt der Soldat mit einem Eingeständnis: dass er Andri nicht habe leiden können. Darum und um die Tatsache, dass niemand gewusst habe, dass Andri kein Jude war, kreist

■ Der Soldat

seine kurze Aussage. Er hält ihn immer noch für einen Juden. Seine Mittäterschaft an Andris Ermordung kann man annehmen, wenn der Soldat sagt: »Aber ich hab ihn nicht getötet. Ich habe nur meinen Dienst getan. Order ist Order.« (S. 58)

Siebtes Bild

Das Siebte Bild ist der zweite Teil des Wendepunkts des Dramas: Das Gespräch mit dem Pater, der Andri auffordert, sich als Juden zu akzeptieren, führt zu seinem Zusammenbruch. In der zweiten Hälfte des Dramas (7.–12. Bild) nimmt Andri zunehmend eine jüdische Identität an. Die Andorraner zeigen zunehmend ihre Gewaltbereitschaft und Judenfeindschaft.

Der vermeintlich jüdische Andri wird ausgerechnet zu einem christlichen Pater geschickt, der auf Wunsch der Mutter mit ihm sprechen soll. Andri spricht an, was ihn umtreibt: Ob er wirklich anders sei, »vorlaut«, »ehrgeizig«, »feig«, und »kein Gemüt« (S. 60) habe – denn das sei es, was die andern über ihn denken. Der Pater rät Andri, sich nicht darum zu kümmern.

■ Jüdische Identität?

Der Pater hat ein scheinbar positives Bild von Andri: Seine Andersartigkeit sieht er darin, dass er besser, gescheiter sei. Aber es ist deutlich, dass auch der Pater von antisemitischen Vorurteilen geprägt ist: Andri habe »etwas Gehetztes« (S. 60). Er kritisiert seine angebliche Überempfindlichkeit: »Ihr macht es einem wirklich nicht leicht mit eurer Überempfindlichkeit« (S. 63). Andri gehöre zu den Geschöpfen, »die

■ Scheinbar positives Judenbild des Paters

mehr Verstand haben als Gefühl« (S. 64). Der wichtigste Rat, den der Pater erteilt, gründet auf einer Fehlannahme: Er setzt Feigheit gleich damit, sein eigenes Wesen zu verleugnen, und rät Andri dazu, sich als Andersartiger, als Jude, anzunehmen und sich selbst zu lieben.

Andris Zusammenbruch

Die Worte des Paters führen zu Andris »Zusammenbruch« (S. 63): Er weint. »Sie [Barblin] kann mich nicht lieben, niemand kann's, ich selbst kann mich nicht lieben …« (S. 63) Danach bricht er das Gespräch mit dem Pater, der weiter auf ihn einredet, ab.

Vordergrund

Der Pater

Ganz seinem Berufsbild entsprechend, bekennt der kniende Pater seine Schuld umfassend – als einziger Andorraner, nämlich einen Verstoß gegen das biblische Bildnisverbot:

> »Du sollst dir kein Bild machen von Gott, deinem Herrn, und nicht von den Menschen, die seine Geschöpfe sind« (S. 65).

Er hat also, wie alle, Andri in ein Bild gepresst, das aus Vorurteilen besteht. Er verschweigt allerdings die Folgen dieser Haltung, etwa, dass er bei der »Judenschau«, an deren Ende Andris Tod steht (Zwölftes Bild), nicht anwesend ist. Er hätte glaubhaft erklären können, dass Andri kein Jude ist.

Achtes Bild

Auf dem »Platz von Andorra« treffen sich die Andorraner zur Lagebesprechung, nachdem die Senora Quartier beim Wirt genommen hat. Andri wird verprügelt.

Im Zentrum des Gesprächs von Doktor, Wirt, Tischler, Soldat, Geselle und Jemand steht die Angst vor einem drohenden Überfall der »Schwarzen«. Der Wirt hat eine »Fremdlingin« (S. 66), eine Schwarze, die Senora, wie sie genannt wird, in sein Fremdenzimmer aufgenommen – die Gesetze Andorras haben ihn dazu gezwungen, behauptet er; ihr »Klotz«, also Vermögen, dürfte allerdings eine wichtigere Rolle spielen, deutet der Jemand an. Der Wirt befindet sich in einem Zwiespalt: Seinem Gewinnstreben stehen die Vorwürfe der anderen gegenüber, das Land zu verraten, indem er eine mutmaßliche Spionin beherbergt. Er versucht sich herauszureden: »Ein Wirt kann nicht Nein sagen, und wenn die Lage noch so gespannt ist, und schon gar nicht, wenn es eine Dame ist« (S. 69). Dass ihn die Geldgier außerhalb der Gemeinschaft der Andorraner führt, ist das Motiv für den späteren Mord an ihr, der hier indirekt bereits angekündigt wird: »Ich wäre der erste, der einen Stein wirft. Jawohl!« (S. 69).

■ Ankunft der Senora

■ Mordmotiv des Wirts

Der Doktor doziert darüber, weshalb der Heimat nichts passieren könne. Andorra sei »ein Hort des Friedens und der Freiheit und der Menschenrechte« (S. 68), außerdem unschuldig: Wenn es überfallen würde, wäre dies »ein krasses und offenes Unrecht« (S. 70).

Der Jemand tritt nicht durch Kundtun eigener Meinung hervor. Er wiederholt, was die anderen gesagt haben, lacht an unpassenden Stellen und liest die Zeitung. Der Tischler stimmt überwiegend seinen Vorrednern zu oder stellt Fragen. Sein Geselle hingegen ruft zur Gewalt gegenüber der unschuldigen Senora auf und tritt gegen ihr Gepäck – ein Ausdruck der Anspannung und der unterschwellig dauerhaften Präsenz der Gewaltbereitschaft. Als Andri auftaucht und ihn wegen des Verrats in der Tischlerei zur Rechenschaft ziehen will, spannt sich die Lage weiter an.

Markige Sprüche kommen vom Soldaten, der sich auf Kosten des Wirts aufwertet: »Unsereiner kämpft, wenn's losgeht, bis zum letzten Mann, und der bewirtet sie!« (S. 66) Andri provoziert er sofort nach dessen Eintreffen auf dem Platz mit einer Bemerkung über Barblin. Die Reaktion, den körperlichen Angriff Andris, versucht er zunächst nicht zu beachten, er spricht von drohendem Arrest, den er nicht bekommen möchte. Doch Andri lässt nicht locker und greift ihn wiederholt an. Der Soldat benötigt die Unterstützung der anderen, die Andri gemeinsam verprügeln, auch der Geselle beteiligt sich.

■ Prügelszene

Das Erscheinen der Senora beendet die Prügelei. Sie kümmert sich um Andris Verletzung und versucht, den Wirt dazu zu bringen, einen Arzt zu holen. Später hilft sie Andri, zu seinem Vater zu gehen. Die sofortigen Schuldzuweisungen des Wirtes beachtet

■ Reaktionen auf die Schlägerei

sie nicht. Dieser erkundigte sich zwar beim Heraustreten aus der Pinte, was geschehen sei, behauptet aber gegenüber dem Doktor, dass er alles mit angesehen habe: »Sie haben ihn mit Stiefeln getreten, ich hab's mit eigenen Augen gesehen […]« (S. 75 f.). Er weist Andri die Schuld zu, da er die Leute nervös mache, wenn er an »die Klimperkiste« gehe. Der Doktor sieht auch in dieser Situation das typisch Jüdische und rät dem Wirt zum Stillschweigen.

Vordergrund

Die Szene spielt vor der gleichen Kulisse wie das Erste Bild, sie setzt die dramatische Handlung der Bilder ausnahmsweise fort und bietet keine Rückblicke auf sie aus späterer Zeit wie die meisten Vordergrund-Szenen. Stattdessen thematisiert sie die Vorgeschichte, die Beziehung zwischen dem Lehrer und der Senora, aus der Andri als Sohn hervorgegangen ist.

Lehrer und Senora

Die Senora und der Lehrer unterhalten sich: Die beiden sind die Eltern Andris. Beide, so die Senora, seien sie damals feige gewesen: Sie habe Angst vor ihren Leuten, den »Schwarzen«, gehabt, er vor seinen Leuten. Als »Jud« habe er ihr Kind ausgegeben, um zu zeigen, dass die Andorraner so ganz anders seien als die »Schwarzen«. Der Lehrer kündigt an, die Wahrheit zu sagen, hat aber Angst, dass die Andorraner sie nicht hören wollen.

Neuntes Bild

Das Neunte Bild zeigt den Versuch der Senora, Andri ihre Sicht der Dinge zu sagen. Das zweite Gespräch mit dem Pater scheitert. Der Mord an der Senora steht am Ende dieses Bildes.

Die Senora muss sich von Andri verabschieden, da sie in Andorra nicht erwünscht ist. Sie verliert sich in Andeutungen über ihre Jugendjahre, ohne zu sagen, dass sie seine Mutter ist. Sie bleiben für Andri unverständlich. Das Auftreten der Mutter und des Lehrers veranlasst die Senora, wirklich zu gehen. Andri solle sie »hinten herum« begleiten, verlangt der Lehrer, damit »der Pöbel sie in Ruh« (S. 81) lässt.

■ Misslungener Gesprächsversuch: Senora und Andri

Die Mutter kennt mittlerweile die Wahrheit: »Ich versteh mehr, als du meinst, Can« (S. 81). Sie ist es auch, die den Pater erneut mit einem Gespräch beauftragt – nur, dass er Andri diesmal klarmachen soll, dass er ein Andorraner sei.

Andri kommt bald zurück und erklärt, dass die Senora ohne ihn gehen wollte. Er trägt den Ring, den sie ihm geschenkt hat. Der Pater kommt, um ein zweites Gespräch mit Andri zu führen. Die Mitteilung des Paters, dass er in Wahrheit kein Jude sei, kann er nicht glauben: »Wie viele Wahrheiten habt ihr?« (S. 85). In einem langen Monolog setzt er den Pater von der Endgültigkeit seiner Entwicklung in Kenntnis, er hat seine Rolle als Jude umfassend angenommen und kann diese nun nicht mehr ablegen. Der Pater hat keinen Einfluss mehr.

■ Zweites Gespräch mit dem Pater

Am Schluss trifft der Lehrer wieder ein – völlig zerfetzt und kurz vor dem Zusammenbruch. Er berichtet vom Mord an der Senora durch einen Steinwurf und von der Beschuldigung des Wirtes, dass Andri der Mörder sei; er »habe es mit eigenen Augen gesehen« (S. 88).

■ Mord an der Senora

Vordergrund

Auch der Jemand beginnt damit, etwas zuzugeben. Allerdings nur, dass es »keineswegs erwiesen« sei, »wer den Stein geworfen« habe (S. 89). Er versucht, seine Unschuld durch Darstellung der Abwesenheit deutlich zu machen: »Ich persönlich war zu jener Stunde nicht auf dem Platz« (S. 89). Zudem spricht er sein Mitleid aus und bekundet seine Unwissenheit sogar in Bezug auf Andris Schicksal. »Einmal muß man auch vergessen können« (S. 89), schließt er seinen Beitrag.

■ Der Jemand

Zehntes Bild

Die Schwarzen haben Andorra besetzt, es herrscht allgegenwärtige Bedrohung. Es kommt zum letzten Gespräch zwischen Andri und dem Lehrer.

Die real gewordene Bedrohung in Andorra schildert Andri im Gespräch mit einem Unbekannten, der sich hinter einer Mauer versteckt und den der Leser nicht identifizieren kann. Andri bekundet seine Unschuld am Steinwurf und erzählt, wie sich die Lage

■ Mutiges Verhalten Andris

entwickelt hat: Die Andorraner verbarrikadieren sich in ihren Häusern. Im Hintergrund dröhnen Lautsprecher Unverständliches.

Der Lehrer erscheint bewaffnet und berichtet von der Ankunft der Schwarzen. Dies zeigt sich im Hissen zweier schwarzer Fahnen (S. 93) und auch in nun verständlichen Lautsprecherdurchsagen: »KEIN ANDORRANER HAT ETWAS ZU FÜRCHTEN« (S. 92).

Der Lehrer versucht erneut, Andri von der Wahrheit seiner Herkunft zu überzeugen, fragt ihn rhetorisch zweimal, ob er sich erhängen solle, damit er ihm glaube. Er nennt seine Angst vor den Landsleuten als Grund für sein damaliges Verhalten. Andri ist nicht mehr bereit, auf ihn zu hören: »Es hat keinen Zweck, Vater, daß du es nochmals erzählst« (S. 93).

■ Versuch, Andri von der Wahrheit zu überzeugen

Die Entwaffnung der Andorraner, auch des Soldaten, ist vorangeschritten. Der Soldat, der »nur noch die Trommel« trägt (S. 95), hilft mit, befolgt nach eigener Angabe Befehle, allerdings nun die des Feindes. Der entwaffnete Lehrer flieht, Andri wirft eine Münze in das Orchestrion und verschwindet.

■ Entwaffnung

Vordergrund

Diese Szene gehört zur Haupthandlung: Das Orchestrion, das Andri in der vorherigen Szene in Gang gesetzt hat, spielt noch. Diese Szene zeigt zwei Soldaten, die Andorras Besetzung darstellen.

■ Soldaten

Elftes Bild

■ Im Versteck: letztes hoffnungsloses Hoffen

Andris Verbitterung über den Beziehungsverlauf mit Barblin wird deutlich: Er geht davon aus, dass sie sich dem Soldaten freiwillig hingegeben hat und fragt nach Details. Ihr Schluchzen wird von ihm nicht hinterfragt, ihre Erklärungsversuche bleiben unberücksichtigt.

■ Annäherungsversuche Andris

Barblin steht zu ihrem Bruder; sie kann die Wahrheit annehmen, Andri nicht. Er sieht sein Schicksal als besiegelt an, wartet auf seine Entdeckung und deren Folgen und hadert nur noch damit, von Barblin betrogen worden zu sein. Er versucht, sich Barblin mit Gewalt zu nähern; Barblins Abwehr macht ihn wütend, er wirft ihr Beliebigkeit in der Wahl ihrer Intimpartner vor und lässt nicht von ihr ab, bis die Haustürklingel die Ankunft der Soldaten anzeigt.

■ Andri wird abgeführt

Während Barblin Andri noch in ihrer Kammer verstecken kann, dringen die Soldaten gewaltsam ins Haus ein. Andri wird gefesselt und abgeführt – zur »Judenschau« (S. 103), wie der Soldat verkündet.

Vordergrund

■ Der Doktor

Die Zeugenaussage des Doktors ist die mit Abstand längste: Er benennt Aspekte, die ihn entlasten sollen: Er habe kaum mit Andri zu tun gehabt, sei an Misshandlungen nicht beteiligt gewesen. Insgesamt plädiert er für eine kollektive Schuldlosigkeit. Er bedauert, was passiert ist, sieht aber in seinem Handeln auch im Nachhinein nichts Verwerfliches und ist sich nach wie vor keiner Schuld bewusst, weil er »wirklich nicht weiß, warum [er sich] anders hätte verhalten sollen« (S. 104). Andri selbst habe zur »tragische[n] Geschichte« (S. 105) beigetragen, weil sein Benehmen »mehr und mehr [...] etwas Jüdisches hatte« (S. 104).

Zwölftes Bild

Das Zwölfte Bild stellt die Katastrophe des Dramas dar: Andri wird nach der »Judenschau« umgebracht, Barblin verliert den Verstand und der Vater erhängt sich.

Judenschau

Mit dem Warten auf die Judenschau beginnt die letzte Szene des Stücks. Die Bedrohung ist nun auf ihrem Höhepunkt, die entwaffneten Andorraner warten, umstellt von schwarzen Soldaten, voller Angst und in der Hoffnung, dass ihnen gemäß der Ankündigung nichts geschehen werde, auf die Durchführung der Judenschau.

Barblin: Widerstand

Barblin versucht, Widerstand zu organisieren, doch da die Andorraner die Wahrheit über Andri nicht glauben und vermutlich einen Juden präsentieren müssen, verweigern sie sich kollektiv.

Doktor: Anpassung

Der Doktor ruft zudem dazu auf, keinen Widerstand zu leisten. Er zeigt sich beeindruckt davon, wie effizient die Organisation der Schwarzen ist: »Wie sie einem ganzen Volk diese Tücher verteilen: ohne ein lautes Wort! Das nenne ich Organisation. Seht euch das an! Wie das klappt.« (S. 107). Zudem unterstützt er die Organisation, indem er die anderen mehrfach ermahnt, zu tun, was vorgegeben wird. Der Doktor vertraut auf die Fähigkeiten des Judenschauers; zu einem Zwischenfall kommt es erst, als er beschaut worden ist und seine Schuhe nicht findet. An der Stelle, an der sie stehen müssten, befinden sich – so stellt es sich später für den Zuschauer heraus – Andris Schuhe. Der Doktor weiß dies gleich.

Der Wirt: Angst vor Entdeckung

Ungefragt beschuldigt der Wirt Andri, den Stein geworfen zu haben – eine Lüge, die vermuten lässt, dass er der Mörder der Senora ist. Aus Angst will er das schwarze Tuch, das sich alle für die Judenschau überziehen müssen, nicht aufziehen; er glaubt, wenn man ihn als Wirt erkennt, werde er nicht als Mörder verdächtigt. Erst als der Lehrer ihn direkt des Mordes beschuldigt, vermummt er sich. Zweimal nimmt er ohne Anlass einen Pflasterstein auf.

Soldat und Jemand

Der Soldat leistet nun den Befehlen der Besatzungsmacht bedingungslos Folge. Er verliest die Befehle und achtet auf die korrekte Ausführung der Schau. Spätestens als der Jemand als Jude identifiziert werden könnte, entlarvt sich die Schau endgültig als Farce, der Soldat kommentiert die Entscheidung des Judenschauers, dass der Jemand das Tuch abnehmen soll mit dem Hinweis, dass er »es« nicht sei, sondern aus Angst nur so aussehe (S. 120). Der Judenschauer kommt zum gleichen Urteil.

Andris »Enttarnung« und Tod

Letztendlich wird Andri »enttarnt«, die Mutter versucht noch vergeblich, einzuschreiten. Andri soll seinen Ring abgeben, wehrt sich aber – was ihm nun be-

Abb. 1: Uraufführung am Schauspielhaus Zürich 1961: Lehrer (Ernst Schröder) und Andri (Peter Brogle). Foto: René Haury. – Max Frisch-Archiv, Zürich.

vorsteht, ist das Abschlagen des Fingers. Sein Schicksal ist durch seinen Schrei bereits voraussehbar. Die Judenschau ist nach Andris Ergreifung vorbei. Die Verdunkelung der Szene und das Einsetzen des Orchestrions »von selbst« (S. 124) symbolisieren den Todesmoment Andris.

Die Folgen

Den Abschluss der Szene bildet die Darstellung des Geschehens, das nach der Abdunkelung, vielleicht am nächsten Tag, stattfindet: Die geschorene Barblin weißelt das Pflaster des Platzes, sie hat, wie der Pater feststellt, »den Verstand verloren« (S. 125). Sie ist ein »öffentliches Ärgernis« (S. 126) geworden, der Doktor äußert die Meinung, sie gehöre in eine Anstalt. Der Lehrer hat sich in der Zwischenzeit im Schulzimmer erhängt. Barblin konfrontiert den Pater mit seiner Abwesenheit bei der Judenschau, obwohl er Andri hätte entlasten können. Er geht jedoch nicht darauf ein, sondern versucht, sich ihrer anzunehmen.

Wie ein Mahnmal stehen Andris Schuhe auf der Bühne, Barblins letzte Worte gelten ihnen: »Rührt sie nicht an! Wenn er wiederkommt, das hier sind seine Schuh« (S. 127).

3. Figuren

Nur zwei Figuren werden regelmäßig beim Namen genannt: Andri und Barblin. Andri ist die Hauptfigur des Dramas, deren Entwicklung im Mittelpunkt steht. Barblin ist die ihm nächststehende Figur, zumindest in der ersten Hälfte des Dramas, und spielt eine entscheidende Rolle am Höhe- und Wendepunkt.

Die anderen Figuren sind nach ihrer Tätigkeit benannt (Lehrer, Pater, Soldat, Wirt, Tischler, Doktor, Geselle) oder folgen keiner beruflichen Klassifizierung (Mutter, Senora, Jemand). Schon daran sieht man, dass es in diesem Stück nicht um naturalistische Charakterzeichnung geht, sondern exemplarische Typen von Figuren dargestellt werden. Bis auf den Wirt, die Mutter, die Senora und den Jemand werden alle im Verlauf des Stückes aber beim Namen genannt.[3] Barblin, die Mutter und der Jemand sind die einzigen, die keine direkte Schuld an Andris Schicksal, das sich ab dem Sanktgeorgstag abspielt, haben. Alle anderen tragen zu Andris Ermordung bei oder verhindern sie zumindest nicht.

Im Verzeichnis der »Personen« ist zudem noch die Unterteilung in »Personen« und »Stumm« zu bemerken. Die Stummen, die keine Sprecherrolle haben,

3 Frisch hat übrigens darauf hingewiesen, dass Barblin, Andri, Prader, Ferrer und Fedri auf der letzten Silbe betont werden sollten, einzig Peider auf der ersten. Vgl. Max Frisch, *Stücke*, Bd. 2, Frankfurt a. M. 1962, S. 346.

sind jeweils eine Einzelperson (Idiot und Judenschauer) und eine Gruppe (das andorranische Volk, die »schwarzen« Soldaten) aus den Andorranern und den »Schwarzen«.

Andri	
Private Beziehungen Barblin (Halbschwester, Geliebte) Lehrer (leiblicher Vater) Mutter (Pflegemutter) Senora (leibliche Mutter)	**Gesellschaftliche Beziehungen** Wirt (Anstellung als Küchenjunge) Tischler (Ausbildung) Geselle (Kollege und Freizeit) Doktor (Arzt) Pater (Seelsorger) Soldat (Konkurrent um Barblin) Jemand
Sonstige (Stumme)	
Idiot	Judenschauer
Das andorranische Volk	Soldaten

Andri

Andri ist der Protagonist des Stückes. Sein Name ist sicher nicht zufällig gewählt: Er steht in lautlicher Nähe zu »Andorra« und zugleich zum Wort »anderer«, und symbolisiert so bereits die Identitätsproblematik, die das Drama zum Thema macht. Er ist die einzige Figur, die im Laufe des Stücks eine Veränderung durchmacht, während die übrigen eher statische Charaktere sind. Er ist zum Zeitpunkt der dramatischen

Handlung 20 Jahre alt und wächst in dem Glauben auf, ein jüdisches Findelkind zu sein, das als Kleinkind vom Lehrer aus dem Land der antisemitischen »Schwarzen« gerettet wurde.

Wunsch nach Integration

Andri bemüht sich um Integration in die andorranische Gesellschaft. Er wurde als Baby noch von den anderen akzeptiert, wurde »gestreichelt, solang er klein war« (S. 49), mittlerweile aber aufgrund seiner vermeintlichen Andersartigkeit abgelehnt. Nur von seiner Familie wird er scheinbar angenommen, wie er ist.

Erstes bis Sechstes Bild: Kampf gegen Vorurteile

Die Tatsache, dass er von den anderen nicht akzeptiert wird, obwohl er sich nicht als anders wahrnimmt und sich auch nicht anders verhält, belastet ihn. Er will gerne das Tischlerhandwerk lernen (S. 18), einen »andorranische[n] Beruf« (S. 38), er ist begeisterter Fußballspieler (S. 30) und kämpft dafür, als Andorraner angenommen zu werden: So sucht er z. B. die Freundschaft zu seinem Tischlerkollegen Fedri und möchte gerne in dessen Fußballmannschaft mitspielen dürfen. Er weiß, welche Wesenszüge die anderen ihm unterstellen und versucht zunächst, dies durch sein Handeln zu widerlegen. Das prägt die ersten sechs »Bilder« des Dramas. Andris Bestreben ist jedoch vergeblich, weil die Andorraner ihre Vorurteile gar nicht ändern wollen. Das wird ebenfalls in den ersten sechs »Bildern« deutlich.

Vorurteile im Beruf

An der Arbeit wird Andri aufgrund seiner Abstammung mit Vorurteilen konfrontiert. Zum Tischlerlehrling tauge er nicht, so die Meinung des Meisters, daher soll er in den Verkauf: »Das ist's was deinesgleichen im Blut hat, glaub mir, und jedermann soll tun, was er im Blut hat. Du kannst Geld verdienen [...]« (S. 35).

Andri ist in Barblin, seine angebliche »Pflegeschwester« verliebt: »Seit [...] wir Kinder waren, reden wir vom heiraten« (S. 45). Der Entschluss, beim Vater um Barblins Hand anzuhalten, erweist sich als fatal: Scheinbar grundlos verweigert Can die Zustimmung. Dies ist für Andri das Zeichen, dass auch sein Vater nicht wirklich hinter ihm steht, und er schlussfolgert daraus, dass er keinen Rückhalt bei seinen Pflegeeltern hat. Auch der Lehrer weiß, wie dies für die Außenwelt wirken muss: »Auch einem Judenretter ist das eigne Kind zu schad für den Jud!« (S. 49). Die Reaktion Andris ist Hass auf alle außer Barblin: »Ich liebe einen einzigen Menschen, und das ist genug.« (S. 52)

■ Rückhalt in der Familie zerbricht

■ Wendepunkt: Barblins vermeintlicher Betrug ...

Der nächste Verrat ereignet sich kurze Zeit später, als Andri annimmt, dass sich Barblin freiwillig dem Soldaten hingegeben hat, während er selbst vor ihrer verschlossenen Kammer saß – nur kurz nach der Ablehnung des Heiratswunsches. Er verliert somit alles, woran er noch glaubte; sein Lebenstraum und seine Liebe zu Barblin sind zerstört.

■ ... und das Gespräch mit dem Pater

Auf die größtmögliche Enttäuschung durch Barblin (Sechstes Bild) folgt das Gespräch mit dem Pater (Siebtes Bild). Diese beiden Szenen bilden den Wendepunkt des Dramas.

Nach dem vermeintlichen Verrat durch Barblin und der Erfahrung in der Tischlerei tut der Pater sein Übriges, um Andri in einem Gespräch von der Annahme seines Jüdischseins und seiner Andersartigkeit zu überzeugen:

> »Wir müssen uns selbst annehmen, und das ist es, was du nicht tust. [...] Du bist nicht feig, Andri, wenn du es annimmst, ein Jud zu sein« (S. 63 f.).

Der Pater pflegt genauso antisemitische Vorurteile wie die anderen Andorraner. Andri sei überempfindlich (S. 63), er habe »mehr Verstand [...] als Gefühl« (S. 64): »Du bist nun einmal anders als wir« (S. 64). Andri bricht zusammen und beendet das Gespräch.

■ Siebtes bis Zwölftes Bild: Annahme des Andersseins

Von Wut und Enttäuschung angetrieben, beherzigt Andri von nun an die Ratschläge des Paters: Er hat an der Arbeitsstelle bereits begonnen, so zu agieren, wie man es von ihm erwartet; er spricht grammatisch falsch (»Kann man finden einen bessern Stuhl?«), reibt sich die Hände und behauptet darüber hinaus nun sogar, dass er »reich werden« müsse, weil er ein »Jud« sei (S. 56). Alles dies sind klassische Elemente des Antisemitismus.

■ Zweites Gespräch mit dem Pater

Im zweiten Gespräch mit dem Pater enthüllt Andri, wie er sich seit dem Rat, sein »Anderssein« anzunehmen, entwickelt hat:

> »Seit ich höre, hat man mir gesagt, ich sei anders, und ich habe darauf geachtet, ob es so ist, wie sie sagen. Und es ist so [...]. Hochwürden haben gesagt,

man muß das annehmen, und ich hab's angenommen. Jetzt ist es an Euch, Hochwürden, Euren Jud anzunehmen.« (S. 86)

Andri hat zur Kenntnis genommen, wie er sich zu verhalten habe, und setzt dies dann um, beobachtet sich so lange, bis er die Eigenschaften, die ihm zugesprochen wurden, auch wirklich an sich entdeckt. Sie stehen im Gegensatz zu dem, wie er ›eigentlich‹ ist:

»natürliches« Verhalten	Rolle als »Jud«
• verschwenderisch (Geld ins Orchestrion: S. 13) • handwerklich interessiert (S. 18) und begabt (besserer Stuhl als der Geselle: S. 32) • mutig (gegenüber dem Tischler: S. 32–35, gegenüber dem Soldaten: S. 73 f.)	• geldgierig (S. 52 f., S. 86) • Händler (S. 55 f.: »Um sieben muß ich im Laden sein, Stühle verkaufen, Tische verkaufen, Schränke verkaufen, meine Hände reiben.«) • feige (S. 86)

Er geht noch weiter, indem er eine Untergangsvision beschreibt, die im Aussprechen seines Todeswunsches endet: »ich möchte tot sein« (S. 87). Sein Schicksal ahnt er zu diesem Zeitpunkt bereits voraus, da er die Entwicklungen mitverfolgt und von den Geschehnissen, die ihn als »Jud« bei einem Überfall durch die Schwarzen erwarten, weiß. Nach dem Mord an der Senora (Neuntes Bild), der Anlass für den Einmarsch der »Schwarzen« in Andorra ist (Zehntes Bild), nimmt Andri trotz Schuldlosigkeit (»Ich habe den Stein nicht geworfen«; S. 90) die Rolle des Sün-

■ Sündenbock-Rolle

denbocks für die Andorraner auf sich: »Jetzt brauchen sie nur noch einen Sündenbock« (S. 93). Dies ist die extremste Form der Akzeptanz seiner Andersartigkeit, die sich auch in der gleichzeitig stattfindenden extremsten Distanzierung von seiner Familie äußert: »Ich bin nicht dein Sohn« (S. 93). Bereits im ersten Gespräch mit Barblin, als die Zukunft noch besser erschien, hat er bereits geahnt, dass er diese Rolle haben wird: »[...] das gibt's, Menschen, die verflucht sind [...]. Das ist das Böse. [...] es muß in einen Menschen hinein, damit sie's eines Tages packen und töten können ...« (S. 28).

Letztes Zusammensein mit Barblin

Andris Vertrauen in andere ist stark erschüttert. Er stellt nicht in Frage, dass Barblin ihn freiwillig mit dem Soldaten betrogen hat. Er ist verbittert und möchte Details aus ihrem Intimleben wissen. Die Rolle als Bruder Barblins kann er nicht annehmen, da er davon ausgeht, angelogen worden zu sein, was seine andorranische Abstammung betrifft. Er will nun mit Barblin schlafen, zugleich wirft er ihr willkürliche Promiskuität vor. Eine Klärung ihres Verhältnisses gelingt nicht. Letztendlich gelingt es den Soldaten, Andri zu finden und ihn mitzunehmen.

Judenschau

Barblins Versuch, die Andorraner vor der Judenschau zum Widerstand zu bewegen, und auch der Versuch des Lehrers, die anderen davon zu überzeugen, dass Andri kein Jude ist, helfen nichts. Der Judenschauer identifiziert Andri letztendlich anhand seiner Füße. Ob er den Stein, der zum Tod der Senora geführt hat, tatsächlich geworfen hat, spielt gar keine

Rolle bei diesem Prozess – die Mutter nimmt dies irrtümlich an und versucht noch, einzuschreiten und Andri durch ein Alibi zu retten. Auch der Lehrer versucht verzweifelt, Andris Herkunft darzulegen, doch nichts kann die Meinung des Judenschauers ändern. Um den Ring, den Andri von der Senora geschenkt bekam, entzündet sich ein Kampf, der Andri den Finger kostet. Andri wird abgeführt, man erfährt später von seiner Ermordung. Nur seine Schuhe bleiben als Mahnmal stehen.

Andris Familie

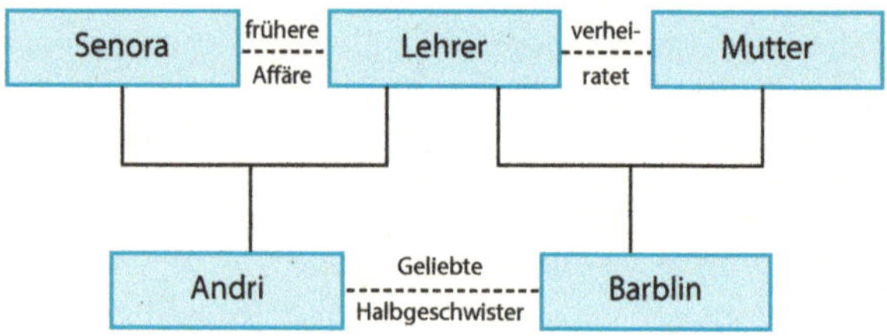

Abb. 2: Andris familiäre Beziehungen

Barblin ist die 19-jährige Tochter des Lehrers, die zunächst als glücklich, selbstsicher und schlagfertig vorgestellt wird (S. 7 ff.) – ganz im Gegensatz zur Schlussszene, in der sie sich als Wahnsinnige zeigt (S. 124 ff.).

Sie ist die einzige Figur, die konsequent und bis zum Schluss zu Andri hält und sich in Bezug auf seine Stigmatisierung und seine Hinrichtung nichts zuschulden kommen lässt. Dennoch ist das Verhältnis zwischen Barblin und Andri von Anfang an alles andere als problemlos.

Die beiden sind in dem Glauben aufgewachsen, Geschwister zu sein. Als sie sich ineinander verlieben, verzweifeln sie und versuchen sogar, sich umzubringen. Die Eröffnung der (Teil-)Wahrheit durch die Mutter, dass sie »gar nicht Bruder und Schwester sind« (S. 45), verschafft ihnen Erleichterung, da ihre Gefühle zueinander nun nicht mehr als unsittlich gelten. Sie betrachten sich als »verlobt« (S. 27) und wollen heiraten. Nachdem sich herausgestellt hat, dass Andri »kein Jud« (S. 85) ist, sondern der Halbbruder Barblins, betrachtet sie ihn als Bruder und hält bis zum Schluss in geschwisterlicher Liebe zu ihm (S. 99).

Geliebte – Geschwister

Barblin ist den Lebensformen und Sichtweisen der Andorraner eng verbunden und selbst nicht ganz frei von deren Vorurteilen. Sie pflegt die Traditionen, indem sie das Haus ihres Vaters wie vorgeschrieben weißelt. Die Identifizierung geht so weit, dass ihr die Teilnahme an der Prozession wichtiger ist als sich mit Andri zu freuen, dass er die Tischlerlehre machen kann und sie folglich heiraten können (S. 18) – überraschenderweise reagiert sie noch nicht einmal verbal auf diese eigentlich sehr schöne Neuigkeit.

Barblin als Andorranerin

Der Zustand der Beziehung der beiden zeigt sich im Zweiten Bild: Barblin will sich Andri körperlich nähern, versucht ihn durch die auffällige Beschäftigung mit ihrem Haar zu reizen und zieht ihre Bluse aus, doch Andri ist so mit den Vorurteilen, denen er

Vorurteile und Beziehungsprobleme

begegnet, beschäftigt, dass er Intimität nicht weiter zulässt. Barblin geht andererseits nicht auf die Ängste Andris ein, will nur von ihm geküsst werden und wehrt so dieses Thema ab (S. 27). Sie nimmt aber Andris Unterscheidung zwischen sich und den »andern« wie selbstverständlich auf und bestätigt damit, dass sie diese kennt: »Ich denke nicht an die andern, Andri, wenn du mich hältst« (S. 27).

Beginn der Leidenszeit

Dass ihr Vater die geplante Heirat ablehnt, trifft sie verständlicherweise sehr und leitet ihre Leidenszeit ein: Spontan droht sie mit Selbstmord oder mit Hingabe an die Soldaten (S. 46). Vor diesem Hintergrund erscheint es zunächst offen, ob der Soldat sie einvernehmlich in ihrer Kammer besucht oder ob er sie vergewaltigen will (Sechstes Bild, S. 51 ff.).

Versuchte Vergewaltigung

Den »Notizen von den Proben«[4] kann man jedoch entnehmen, dass Frisch beabsichtigt hat, eine versuchte Vergewaltigung darzustellen: »Der Soldat hält ihr den Mund zu; das kennzeichnet ihn als Vergewaltiger, […] und am Schluß der Szene, wenn der Soldat in die Türe tritt, erscheint er als ein Einbrecher, der nicht zu seinem Ziel gekommen ist, gerade deswegen bösartig« (S. 51 und 57). Diese Szene missinterpretiert Andri so, dass Barblin ihn schlicht und einfach betrogen hat oder betrügen wollte, was sie wiederum – vermutlich aus Scham – nicht klarstellt. Die einzigen Hinweise, die sie Andri gibt, als er sie nach Details zu ihrer intimen Beziehung zum Soldaten fragt, sind:

4 In: Wendt/Schmitz (Anm. 1), S. 44–46, das folgende Zitat: S. 46.

»So ist ja alles gar nicht«, und: »Du bist so ungerecht, so ungerecht« (S. 99).

Im Unterschied zu Andri, der mit ihr schlafen will, akzeptiert sie nach der Offenlegung der Wahrheit, dass sie Geschwister sind, kann ihre Liebe in Geschwisterliebe umdeuten und hält nun in der Not als »Schwester« (S. 101) zu ihm. Sie behält die Nerven, versteckt ihn und versucht noch – erfolglos – abzuwenden, dass die Soldaten ihn holen und mitnehmen, indem sie die wahren Verhältnisse benennt: »er ist mein Bruder –« (S. 103). Sie nimmt in Kauf, von den Soldaten dafür als »Judenhure« beschimpft zu werden (S. 103).

■ Geschwisterverhältnis

Mut ist eine kennzeichnende Charaktereigenschaft Barblins, und zwar trotz der Ängste, die sie hat. Sie beweist ihn auch in der Szene der Judenschau: Sie ruft die anderen Andorraner zum Widerstand auf – ebenfalls erfolglos – und wirft dem Judenschauer ihr Tuch vor die Stiefel, als sie an der Reihe ist. Doch sie wird wie erwartet von den Landsleuten im Stich gelassen und bezahlt ihren Einsatz für ihren Halbbruder damit, dass sie von Soldaten abgeführt wird.

■ Mut

Ganz am Ende des Dramas tritt sie erneut auf; sie weißelt diesmal das Pflaster, auf dem Andri hingerichtet wurde, ein symbolischer Akt, der auf das Vertuschen der Wahrheit durch die Andorraner verweist. Was in der Zwischenzeit mit ihr geschah, bleibt offen, das Resultat ist aber, dass ihr Kopf nun geschoren ist, als Strafe für »Judenhuren« (S. 12 und 124), und sie »den Verstand verloren« (S. 125) hat, wie der Pater

■ Wahnsinn und Wahrheit

sagt. Als Wahnsinnige spricht sie aber die Wahrheit: »Ich weißle, ich weißle, auf daß wir ein weißes Andorra haben, ihr Mörder […]« (S. 125). Frisch gestaltet die Figur hier in Anlehnung an Cassandra, die Seherin der griechischen Mythologie, die im Zustand des Wahnes die Wahrheit weissagt.

Der Lehrer (Can): In verschiedenen Bemerkungen wird deutlich, dass der Lehrer in früheren Jahren als rebellisch und als unabhängiger Kopf galt. Er trug den Spitznamen Eber, weil er immer mit dem Kopf durch die Wand gewollt habe (S. 37), er habe Schulbücher zerrissen, die ihm nicht gefielen und neue gefordert, er habe die Schulkinder so unterrichtet, dass er sie auf Fehler in andorranischen Schulbüchern aufmerksam machte und diese anstreichen ließ (S. 38). Er hatte Ideale und revolutionäre Absichten, wie die Senora berichtet: »Wir wollten eine andere Welt […]. Und wir wagten sie auch« (S. 80).

■ Unabhängigkeit

An einem entscheidenden Punkt hat er jedoch zu einer Lebenslüge gegriffen: Can erfand die Geschichte, dass er ein jüdisches Findelkind, Andri, vor den Schwarzen gerettet habe, das er dann bei sich wie seinen eigenen Sohn aufzog. Die Wahrheit enthüllt er zu spät; seine frühere Geliebte, die Senora, mutmaßt richtig, dass Can sich aus Angst vor der Engstirnigkeit seiner Landsleute nicht traute zu sagen, dass er mit einer Schwarzen ein Kind habe (S. 77 f.). Dies bestätigt er selbst aber erst im letzten Gespräch mit Andri (S. 94).

■ Lebenslüge

Mit seiner Lebenslüge kann Can nicht leben, er erträgt den Widerspruch zwischen den eigenen Anforderungen an sich und der Realität nicht und flüchtet sich daher in den Alkohol. was seine Lage nur verschlimmert, da Andri die Achtung vor ihm verliert.

Flucht in den Alkohol

Zwar nimmt er sich insgesamt mehrfach vor, die Wahrheit über Andris Herkunft zu sagen, doch versucht er es entweder gar nicht und belässt es bei kryptischen Andeutungen oder er wagt es im betrunkenen Zustand, sodass Andri ihm nicht glauben kann.

Erst als es zu spät ist, offenbart der Lehrer wirklich die Wahrheit über Andris Herkunft, doch schenkt ihm niemand mehr Glauben, die Andorraner nicht und nicht einmal Andri selbst.

Dies und die Machtlosigkeit bei der Judenschau ist mehr als er verkraften kann und so erhängt er sich nach Andris Ermordung im Schulzimmer – dem Ort, an dem er einst als rebellischer, eigensinniger, unangepasster junger Lehrer von sich reden machte.

Tragische Entwicklung

Die Mutter hat hinsichtlich des Umfangs ihrer Sprechanteile und der dramatischen Entwicklung nur eine Nebenrolle, allerdings mit einem markanten Profil, das sie – mit ein paar Abstrichen – als menschliche, verständnisvolle und starke Persönlichkeit ausweist.

Bei der Untersuchung Andris durch den Doktor (Viertes Bild) erscheint die Mutter zum ersten Mal im Stück. Sie wagt es zwar zunächst nicht, den Doktor zu unterbrechen, als er seine antisemitische Einstellung

Klarheit in ihren Äußerungen

zum Besten gibt. Als Andri aber in Reaktion auf die Schimpftirade kommentarlos verschwindet, erwidert sie kurz und nüchtern: »Andri ist Jud« (S. 41). Sie nennt die Tatsachen (soweit ihr bekannt) unverblümt beim Namen. Der Doktor ist bloßgestellt. Genauso unverblümt sagt sie ihrem Mann die Meinung, als sie von der wahren Herkunft Andris erfährt: »Du hast uns alle verraten, aber den Andri vor allem« (S. 82). Dennoch hält sie weiterhin zu ihm und Andri.

■ Verständnisvoll

Als Andri den Vater um die Hand Barblins bittet, reagiert sie schlicht mit dem Satz: »Ich hab das kommen sehen, Can« (S. 45). Da sie nicht über Andris wahre Herkunft Bescheid weiß – sie war es ja, die den Kindern erzählte, dass sie keine Geschwister seien –, sieht sie darin kein Problem. Ihrem Mann gegenüber drückt sie im Folgenden ihr Unverständnis über seine ablehnende Reaktion aus und versucht ihn davon zu überzeugen, der Heirat zuzustimmen: »Barblin ist neunzehn, und einer wird kommen. Warum nicht Andri, wo wir ihn kennen? […] Was starrst du vor dich hin und schüttelst den Kopf, wo's ein großes Glück ist […]« (S. 46).

■ Kommunikationsprobleme

Größere Hemmungen scheint sie allerdings zu haben, das Gespräch mir Andri selbst zu suchen. Statt selbst direkt mit ihrem Pflegesohn über seine Probleme zu sprechen, bittet sie Pater Benedikt darum (S. 59). Vielleicht möchte sie ihrem Pflegesohn nicht zu nahe treten und vermeidet daher das direkte Gespräch. Tatsächlich sucht sie aber nach einer Konfliktlösung und wendet sich an die Person, die ihrer

Meinung nach Beistand leisten kann und womöglich bessere seelsorgerische Arbeit leisten kann als sie selbst oder ihr Mann.

Gläubige Christin

Dass sie selbst gläubige Christin ist, erkennt man an ihren häufigen Verweisen auf Gott (S. 46), und auch ihre Aussage zur Entlastung Andris bei der Judenschau bestärkt sie mit Worten christlichen Glaubens: »[ich] schwör bei Gott, dem Allmächtigen, der unser Richter ist in Ewigkeit« (S. 122).

Judenschau

Bei der Judenschau greift die Mutter erst spät in das Geschehen ein (S. 122), verteidigt ihren Pflegesohn aber mutig und erwirkt durch ihren Einspruch eine erneute Beschau Andris: »Andri ist der Sohn von meinem Mann. […] Und Andri hat den Stein nicht geworfen, das weiß ich auch« (S. 122). Nach der Urteilsverkündung macht sie sich nicht mehr bemerkbar. Wie sie die weiteren Geschehnisse aufnimmt – den Tod ihres Mannes, ihres Pflegesohns und die Festnahme ihrer Tochter –, erfahren Zuschauer und Leser nicht.

Die Senora ist, wie sich im Lauf des Dramas herausstellt, Andris leibliche Mutter. Sie tritt nur im Achten (Ankunft) und Neunten Bild (Ermordung bei der Abreise) sowie in der Vordergrundszene dazwischen auf.

Sie ist eine »Schwarze« und wird von den Andorranern als »Fremdlingin« (S. 66) und »Spitzelin« (S. 68) betrachtet; sie begegnen ihr mit Misstrauen und offener Feindseligkeit. Ihre Ermordung durch einen Steinwurf (S. 88) ist der Anlass für den Einmarsch der

Andorraner: Feindseligkeit

»Schwarzen«, vor dem die Andorraner von Anfang an Angst hatten. Im Zehnten Bild ist dieser bereits vollzogen.

Senora: Courage

Die Senora zeigt trotz des sie umgebenden Misstrauens Courage: Als Andri von den Soldaten verprügelt wird, tritt sie mutig dazwischen: »Alle gegen einen. Nein!« (S. 74). Zu diesem Zeitpunkt weiß sie noch nicht, dass sie ihren Sohn verteidigt.

Gespräch mit Can: Vorgeschichte

Allerdings ist sie, ähnlich wie Can, in der Vergangenheit an einem entscheidenden Punkt feige gewesen. Wie man in der Vordergrundszene zwischen Achtem und Neuntem Bild erfährt, traute sie sich aus Angst vor ihren Landsleuten nicht, sich zu ihrem Geliebten, dem Andorraner Can, und ihrem gemeinsamen Sohn Andri zu bekennen; daher ließ sie es zu, dass Can Andri mit nach Andorra nahm, wo sie ihn sicher aufgehoben wähnte. Als sie misstrauisch wurde, verharrte sie zunächst in ihrer Heimat und erkundigte sich dreimal brieflich bei Can nach Andris Befinden (S. 77). Da diese Briefe alle unbeantwortet blieben, entschied sie sich schließlich, selbst zu kommen. Nun muss sie feststellen, dass ihre langjährige Haltung einem Trugschluss entsprang: »sie sind hier nicht anders, […] nicht viel« (S. 78). Sie bereut ihre Feigheit und ihr Verhalten, allerdings ohne die richtigen Konsequenzen daraus zu ziehen.

Gespräch mit Andri

Ein Gespräch mit ihrem Sohn findet zwar statt, doch wurde ihr vorher klargemacht, dass sie ihm nicht den wahren Grund ihres Besuchs nennen solle. Dem fügt sie sich: »Da man also nicht wünscht, daß ich es dir sage, Andri, weswegen ich gekommen bin, ziehe ich jetzt meine Handschuhe an und gehe« (S. 79). Es bleibt bei kryptischen Andeutungen, dass Andri bald alles verstehen werde und der Einzige sei, »der die Wahrheit nicht zu fürchten braucht« (S. 79), was eine verhängnisvolle Fehleinschätzung ist. Der Versuch, ihn über die Beweggründe ihres Handelns als junge Mutter in Kenntnis zu setzen, muss scheitern, da sie für ihn einfach eine attraktive Fremde ist (»fantastische Frau«, S. 83).

Die andorranische Gesellschaft

Der Pater (Benedikt): Der Pater versucht, seine Pflicht als kirchlicher Seelsorger zu erfüllen und nimmt damit eine Sonderrolle ein. Dies wird bei seinem Auftritt im Vordergrund deutlich, wo er nicht an der »Zeugenschranke« steht, sondern im Gebet vor Gott »kniet« (S. 65).

Im Nachhinein agiert er so, wie es das Berufsbild von ihm verlangt: Er gesteht im Unterschied zu allen anderen seine Schuld ein. Diese sieht er jedoch nur darin, dass er gegen ein Gebot verstoßen habe: »Du sollst dir kein Bildnis machen von Gott, deinem Herrn, und nicht von den Menschen, die seine Geschöpfe sind« (S. 65). Er aber habe sich ein Bildnis von Andri gemacht.

■ Schuldbekenntnis

Es fehlt allerdings das Eingeständnis, dass er auch falsch gehandelt hat. Während der Judenschau ist der Pater nicht zu sehen, obwohl seine Aussage Andri

■ Falsches Handeln

entlasten könnte: Er weiß, dass Andri kein Jude ist, und er weiß auch, dass Andri nicht den Stein warf, der die Senora tötete, da er zu diesem Zeitpunkt selbst mit ihm sprach. Als die geschorene und die Straße weißelnde Barblin für Unruhe unter den Andorranern sorgt, betont er, dass sie »irr« rede, aber sie ist diejenige, die Klartext spricht: »Wo, Pater Benedikt, bist du gewesen, als sie unsern Bruder geholt haben wie Schlachtvieh, wie Schlachtvieh, wo? Schwarz bist du geworden, Pater Benedikt …« (S. 127). Bereits hier steht in der Regieanweisung explizit: *»Der Pater schweigt.«*

Gespräche mit Andri

Pater Benedikt führt zwei Gespräche mit Andri. Im ersten (Siebtes Bild) lässt er Andri kaum zu Wort kommen, lobt ihn für sein Anderssein und ermutigt ihn dazu, sich anzunehmen, bestätigt damit aber die antisemitischen Vorurteile, die er nur vordergründig ins Positive kehrt. Dies hat Andris Zusammenbruch zur Folge (S. 63) und ist der Wendepunkt im Drama: Andri nimmt nun nach und nach die ihm als Jude zugeschriebenen Handlungsweisen und Eigenschaften an und verinnerlicht sie. Als der Pater im zweiten Gespräch (Neuntes Bild) die Aufgabe hat, Andri von seinem Nicht-Jüdischsein zu überzeugen, kann er nur noch hilflos aufgeben. Andri lässt nunmehr den Pater kaum zu Wort kommen, hält stattdessen eine lange Rede über das Jüdischsein und entgegnet, dass man spüre, ob »man Jud ist oder nicht« (S. 85). Er ist nicht mehr erreichbar. In beiden Gesprächen scheitert der Pater und wird der seelsorgerlichen Aufgabe nicht gerecht.

Der Soldat (Peider): Der Soldat ist streitlustig und gewaltbereit. Er hat ein eher simples Gemüt. Seine Interessen gelten (angeblich) dem bedingungslosen Kampf fürs Vaterland und der Frauenwelt. Peider macht sich die Frauen gefügig, die sich ihm widersetzen: »bekommen hab ich sie doch, wenn mir ihre Waden gefallen und ihr Haar« (S. 9). Diese Haltung zeigt er auch gegenüber Barblin.

Aggressiv, großsprecherisch und frauenfeindlich

Im Gegensatz zu seinen Ankündigungen läuft er nicht nur zu den Schwarzen über, sondern wird auch noch buchstäblich deren Sprachrohr und verlängerter Arm bei der Machtübernahme. Er hilft bei der Entwaffnung des andorranischen Volks und der Judenschau. Er ist auch maßgeblich daran beteiligt, dass Andri gefasst, als Jude identifiziert und hingerichtet wird. Trotzdem bleibt er bis zum Schluss unbehelligt von den Andorranern.

Anpassung an die Schwarzen

Bei der Stellungnahme im Vordergrund erscheint er in Zivil und erweist sich als uneinsichtig. Er bekundet seine Zweifel daran, dass Andri kein Jude gewesen sein soll. Er sagt aus, dass er Andri nicht getötet habe, obwohl er ihn nicht habe leiden können. Er habe bloß seinen »Dienst getan« (S. 58). Sein Verhalten während der Besetzung der Schwarzen thematisiert er nicht.

Uneinsichtig

Der Wirt: In der Vordergrund-Szene betont der Wirt seine Unschuld (S. 24). Er begründet sie damit, dass niemand gewusst habe, dass Andri kein Jude sei. Indirekt bestätigt er damit die antisemitischen Vorurteile:

Betonung der Unschuld

Die Begründung impliziert, Andris Schicksal wäre zu rechtfertigen, wenn er tatsächlich Jude gewesen sei.

■ Vorurteile und Geldgier

Der Wirt beschäftigt zu Beginn des Dramas Andri als Küchenjungen und führt das gegenüber dem Lehrer als Beweis dafür an, dass er nichts gegen ihn habe. Trotzdem werden seine Vorurteile gegen Juden deutlich, wenn er Wucher als typisch jüdisches Verhalten geißelt (S. 15). Bemerkenswert ist, dass gerade er solches Verhalten an den Tag legt: Er bietet dem Lehrer an, Land von ihm zu kaufen, damit er Andris Ausbildung bezahlen kann, und nutzt so dessen Zwangslage schamlos aus: »Wenn's nicht zu teuer ist! […] Überleg es dir, Can, in aller Ruh, aber mehr als 50 Pfund kann ich nicht geben –« (S. 17).

■ »Gastfreundschaft«

Die Ankunft der Senora im Achten Bild wird für den Wirt zu einem Problem: Er stellt der Senora ein Zimmer zur Verfügung, wohl aus finanziellen Gründen (der Geselle spricht es aus: »wenn sie Klotz [= Geld] hat!«, S. 69), fühlt sich gegenüber den anderen Andorranern aber unter Rechtfertigungsdruck. Die übrigen Andorraner sind misstrauisch und feindselig gegenüber der »schwarzen« Senora und bringen den Wirt psychologisch in Bedrängnis.

■ Mörder der Senora

Der Wirt macht Andri für den Mord an der Senora verantwortlich, er will »mit eigenen Augen gesehen« (S. 88) haben, wie er den Stein warf, der die Fremde tödlich verletzte. Alle Anzeichen deuten aber darauf hin, dass er der Mörder ist, wohl um zu beweisen, dass er zu den Andorranern gehört. Bereits bei der Ankunft der Senora kündigt er an: »Ich wäre der erste, der einen Stein wirft« (S. 69). Bei der Judenschau kommt er ungefragt mehrfach auf die Mordtat zu sprechen und beschuldigt immer wieder Andri. Er ist voller Angst und lässt schließlich die Frage des Lehrers offen: »Du bist's, der den Stein geworfen hat?« (S. 111).

Der Tischler (Prader): In der Vordergrundszene gibt der Tischler zwar vor, es gut mit Andri gemeint zu haben, er bleibt aber bei seinem Vorurteil, dass Juden bessere Verkäufer als Handwerker seien, und »entschuldigt« sich damit, dass niemand hätte wissen können, dass Andri kein Jude gewesen sei.

Vordergrundszene

Dieses Vorurteil leitet sein Verhalten gegenüber Andri: Die Lehrlingsprobe Andris (Drittes Bild) endet damit, dass der Tischler Andri zum Verkäufer macht, da ein Jude als Handwerker ungeeignet sei: »[…] jedermann soll tun, was er im Blut hat. Du kannst Geld verdienen, Andri, Geld, viel Geld …« (S. 35). Dabei erweist er sich als immun gegen alle Tatsachen: Andri hat den besseren Stuhl gemacht als der Geselle (S. 32 f.), Andri kennt die Holzarten besser als der Tischler selbst (S. 32). Das alles spielt keine Rolle, obwohl Andri ihn direkt darauf anspricht: »Wieso seid ihr stärker als die Wahrheit?« (S. 35).

Die Vorurteile gegen Juden …

Ironischerweise trifft das Bild, das er von Andri hat, auf ihn selbst zu: Er ist geizig, wie bereits sein erster Auftritt (Erstes Bild) beweist, als er sich über das Trinkgeldgeben beklagt (S. 8); er ist geldgierig und verlangt 50 Pfund für die Ausbildung Andris vom Lehrer, der das als »Wucher« (S. 14) bezeichnet.

… treffen auf ihn zu

Er ist es, der die Holzsorten nicht kennt. Frisch verdichtet das in einem geradezu komisch wirkenden Kurzdialog:

»TISCHLER [...] Wenn einer nicht aufgewachsen ist mit dem Holz, siehst du, mit unserem Holz – lobpreiset eure Zedern vom Libanon, aber hierzuland wird in andorranischer Eiche gearbeitet, mein Junge.

ANDRI Das ist Buche.« (S. 32)

Der Geselle (Fedri): Fedri arbeitet seit fünf Jahren als Tischlergeselle bei Prader & Sohn. Als Andri in die Werkstatt kommt, sieht es zunächst danach aus, als würden sich die beiden anfreunden. Fedri ist Kapitän der örtlichen Fußballmannschaft, er will Andri in die Mannschaft aufnehmen.

Schnell wird deutlich, dass Andri bessere Arbeit leistet als er. Und obwohl Andri sich von Anfang an kollegial verhält und den Gesellen auch nicht verrät, als dieser in der Werkstatt raucht, sondern selbst die Schuld dafür auf sich nimmt, lässt Fedri ihn bei der Auseinandersetzung mit dem Meister im Stich. Sein Verhalten ist feige und rückgratlos, sowohl in der Werkstatt (S. 33 f.) als auch später in der Pinte, als er sich an der Prügelei beteiligt und gemeinsam mit den Soldaten auf Andri eintritt (S. 74).

■ Rückgratlos

■ Vordergrund: Unschuldsbekundung, Mitschuld Andris

Im Nachhinein gibt er zwar zu, dass es sich bei dem schlecht gezimmerten Stuhl um sein Exemplar gehandelt habe, verweist aber sofort auf Andris Mitschuld: Man habe nicht mehr mit ihm reden können, er habe nicht mehr gegrüßt, er sei sich zu gut dafür gewesen, mit den anderen Fußball zu spielen (S. 36).

Der Doktor (Ferrer): Die Vordergrundaussage des Doktors (S. 104 f.) fällt mit Abstand am längsten aus, obwohl er zweimal angibt, sich kurzfassen zu wollen. Er betont mehrfach seine Unschuld am Schicksal Andris, gibt aber mit der Bemerkung, dass Andris Benehmen »etwas Jüdisches hatte« (S. 104), seine fortdauernde Voreingenommenheit zu Protokoll. Im Übrigen steht diese Äußerung aber im Widerspruch zu den Tatsachen der Dramenhandlung.

■ Vordergrundaussage

Der erste direkte Kontakt mit Andri findet bei einer Untersuchung statt (Viertes Bild). Der Doktor geht nach zwanzigjähriger Abwesenheit davon aus, dass Andri der leibliche Sohn des Lehrers und seiner Ehefrau sei. Dementsprechend gibt er sich weltmännisch, patriotisch und erweist sich dabei als grundlegend antisemitisch. Seinen beruflichen Misserfolg schiebt er den Juden zu: »In allen Ländern der Welt hocken sie auf allen Lehrstühlen, ich hab's erfahren, und unsereinem bleibt nichts andres übrig als die Heimat« (S. 40). Dabei ist er inkompetent: Andris Frage, was ein Virus sei, bleibt unbeantwortet (S. 37), ein lateinisches Zitat kann er nicht übersetzen (S. 37); auch ist sein Verhalten unprofessionell, er raucht in Anwesenheit des kranken Andri seinen Zigarillo (S. 39). Auch sonst erweist er sich als ahnungsloser Schwätzer, etwa wenn er sich über die Gefahr durch die Schwarzen auslässt

■ Inkompetenter Schwätzer

(S. 70) oder die Kompetenz des Judenschauers lobt (S. 120 f., 123). Um so wichtiger sind ihm seine Positionen (»Amtsarzt«, S. 104, 106) und Titel (»Professor«, S. 38).

Der Jemand: Über den Jemand erfährt man nicht viel. Name und Beruf bleiben unbekannt, über sich selbst sagt er bloß, dass er ein »fröhlicher Charakter« (S. 71) sei. Er taucht bei Szenen auf dem Platz von Andorra auf, kommentiert das Geschehen, manchmal scharfsinnig, durch sein Lachen (etwa S. 66, 67, 69, 72), bleibt aber stets passiver Beobachter.

■ Passiver Beobachter

Auffällig macht ihn nur seine Vorausdeutung im ersten Bild: »Ich glaub, es hängt ein Gewitter in der Luft, ein schweres Gewitter, dem Land tät's gut« (S. 13). Mit der Gewittermetapher weist er bereits auf die künftigen Geschehnisse und die Notwendigkeit der Opferung Andris hin. Als passiver Zuschauer und Mitläufer repräsentiert er die Mehrheit der Andorraner. Dass der Judenschauer zunächst ihn für einen Juden hält (S. 119 f.), zeigt, dass das absurde Verfahren im Prinzip jeden treffen könnte.

■ Repräsentant der Mehrheit

Die Schwarzen

Die »die Schwarzen« genannten Invasoren Andorras treten allesamt nur stumm auf. Das gilt auch für die einzige individualisierte Figur, den **Judenschauer**. Er tritt in Zivil auf (S. 108) und benimmt sich *»wie ein schlichter Beamter«* (S. 115). Er wird von Frisch als unaufgeregter sachlicher Bürokrat eingeführt, der sei-

■ Judenschauer: Bürokrat

nen Dienst mit »*der Gelassenheit der Gewöhnung und von seiner Sicherheit gelangweilt*« (S. 117) versieht. Gerade deswegen wird er als unfehlbar betrachtet, insbesondere vom Doktor, obwohl sich beide Urteile (der Jemand und Andri wurden ja als Juden identifiziert) letztlich als falsch herausstellen.

4. Form und literarische Technik

Die klassische Form des Theaterstücks geht auf Überlegungen des Aristoteles (344–382 v. Chr.) zurück – die sogenannte Aristotelische Dramenkonzeption. Aristoteles wollte – vereinfacht ausgedrückt – die Identifikation des Zuschauers mit dem Helden erreichen, was bedeutet, dass man mitfiebern, -weinen und sich mitfreuen sollte. Das Ziel war Katharsis, die Reinigung von Affekten. Bertolt Brecht (1898–1956) setzte sich davon ab und entwickelte das Konzept des sogenannten Epischen Theaters. Brecht wollte erreichen, dass die Zuschauer nicht mitleiden, sondern dass sie sich darüber bewusst sind, dass sie »nur« eine Theateraufführung sehen und eine gewisse emotionale Distanz halten. Sinn dieser Neuerung war, dass die Zuschauer sich nicht mit dem Geschehen auf der Bühne identifizieren, sondern es kritisch hinterfragen, zum eigenen Nachdenken angeregt werden. Max Frisch orientiert sich bei seinem Drama *Andorra* an Brechts Konzept, ohne dessen weltanschauliche Einstellung – Brecht war Kommunist – zu teilen.

Die Struktur: »Bilder« und »Vordergrund«-Szenen

Das wichtigste Element, um die Illusion des Zuschauers zu zerstören, an einem dramatischen Geschehen unmittelbar teilzunehmen, sind Unterbrechungen der Handlung durch Vordergrundszenen.

Zwölf Bilder und neun Vordergrund-Auftritte

Man findet in *Andorra* zwei verschiedene Arten von Szenenbezeichnungen: »Bilder« und »Vordergrund«. Diese Unterscheidung ist nötig, da es sich um jeweils unterschiedliche Zeitebenen handelt: Die Haupthandlung findet in den »Bildern« statt und ist für die sich im »Vordergrund« äußernden Figuren zum Zeitpunkt des Auftretens dort bereits längst abgeschlossen. Sie betrachten die Handlung aus der Retroperspektive. Hinweise darauf finden sich in den Aussagen – so äußert sich der Wirt abschließend im ersten Vordergrund-Auftritt: »Das ist alles, was ich nach Jahr und Tag dazu sagen kann« (S. 24), und auch bei der Aussage des Paters findet sich ein entsprechender Anhaltspunkt: »Auch ich bin schuldig geworden damals« (S. 65). Außerdem wissen die Aussagenden bereits, welchen Lauf Andris Schicksal nahm, kennen also das Ende der eigentlichen Dramenhandlung.

Haupthandlung in Vordergrund-Szenen

Es gibt nur zwei Ausnahmen, in denen die Haupthandlung aus den »Bildern« in den Vordergrund-Szenen fortgesetzt wird: Nach dem Achten Bild treten die Senora und der Lehrer im Vordergrund auf. Beide sterben während der Haupthandlung und können deshalb auch gar nicht an die Zeugenschranke treten wie die anderen Figuren. Nach dem Zehnten Bild deuten die schwarzen Soldaten die fortdauernde Besetzung Andorras an, die ab dem Zehnten Bild die Rahmensituation der Handlung bestimmt.

Frisch äußerte sich in den »Notizen von den Proben« zur Intention, die er mit den Vordergrund-Szenen verbindet:

Intention der Vordergrund-Konstruktion

> »Das Buch verlangt, daß jeder Andorraner einmal aus der Handlung heraustritt, um sich von heute aus zu rechtfertigen oder – formal gesprochen – um die Handlung, die eben auf der Bühne vor sich geht, in die Ferne zu rücken und dem Zuschauer zu helfen, daß er sie von ihrem Ende her, also als Ganzes, beurteilen kann […].«[5]

Dem Zuschauer soll gezeigt werden, was die jeweilige Figur im Nachhinein über das Geschehen denkt. Diese Rückblicke sind in der Gegenwart angesiedelt, in der das Stück gespielt wird. Sie unterbrechen den linearen Handlungsablauf in den Bildern, zerstören damit die Illusion, an einem vergangenen Geschehen teilzunehmen, und bewegen den Zuschauer, über das Geschehen zu reflektieren. Max Frisch übernimmt damit ein Verfahren des Epischen Theaters, wie Bertolt Brecht es entwickelt hat: den Bruch mit dem Illusionstheater, um das eigene Nachdenken anzuregen. Brecht nannte diesen Illusionsbruch »V-Effekt«, Verfremdungseffekt.

5 Wendt/Schmitz (Anm. 1), S. 50 f.

Dramenaufbau

Das Drama hat folgenden Aufbau:

Szene	Inhalt	Schauplatz
Erstes Bild	Exposition: die wichtigsten Figuren werden vorgestellt; private, politische und gesellschaftliche Konflikte werden eröffnet	Vor Andris und Barblins Elternhaus (Platz von Andorra)
Vordergrund	*Aussage Wirt*	*Zeugenschranke*
Zweites Bild	Gespräch Andri und Barblin über Identitätsfrage; Barblin versucht, Andri zu verführen	Vor Barblins Kammer
Vordergrund	*Aussage Tischler*	*Zeugenschranke*
Drittes Bild	Zurückweisung in Beruf	Tischlerei
Vordergrund	*Aussage Geselle*	*Zeugenschranke*
Viertes Bild	Heiratswunsch; Zurückweisung in der Familie	Stube des Lehrers
Fünftes Bild	Lehrer gesteht seine Lügen ein; Gewissheit über Andris Herkunft	Vor der Pinte
Sechstes Bild	Höhepunkt: Andris Monolog über die Zukunft; sexueller Übergriff des Soldaten	Vor Barblins Kammer

Vordergrund	*Aussage Soldat*	*Zeugenschranke*
Siebtes Bild	Wendepunkt der Identitätssuche: Gespräch mit dem Pater, Andri soll sein Jüdisch-Sein annehmen	Sakristei
Vordergrund	*Aussage Pater*	*Zeugenschranke*
Achtes Bild	Bedrohung durch die Schwarzen; Auftritt der Senora; Andri leistet ein letztes Mal Widerstand	Platz von Andorra
Vordergrund	*in Handlung eingebettet: Gespräch zwischen Lehrer und Senora; Vorgeschichte*	*Vor Andris und Barblins Elternhaus (Platz von Andorra)*
Neuntes Bild	Akzeptanz der jüdischen Identität; vollkommene Akzeptanz der zugesprochenen Eigenschaften; Ermordung der Senora	Stube des Lehrers
Vordergrund	*Aussage Jemand*	*Zeugenschranke*
Zehntes Bild	Machtübernahme der Schwarzen; vergeblicher Versuch des Lehrers, Andri davon zu überzeugen, dass er sein leiblicher Sohn ist	Platz von Andorra
Vordergrund	*in Handlung eingebettet: Soldaten patrouillieren*	*Platz von Andorra*

Elftes Bild	Umkehrung des Zweiten Bildes: versuchte Verführung durch Andri; Verhaftung Andris	Vor Barblins Kammer
Vordergrund	*Aussage Doktor*	*Zeugenschranke*
Zwölftes Bild	Katastrophe: Judenschau; Andri wird abgeführt; der Lehrer erhängt sich; Barblin verliert den Verstand	Platz von Andorra

Nach Bild 4, 5 und 12 gibt es keine Vordergrundauftritte. Folgende Figuren, die im Verzeichnis der Personen erwähnt werden, treten nicht in den Vordergrund: Barblin, die Mutter, der Idiot und der Judenschauer. Barblin und die Mutter sind die Einzigen, die als unschuldig bezeichnet werden können. Der Idiot und der Judenschauer sind stumme Rollen.

Die zwölf Bilder mit der eigentlichen Dramenhandlung haben einen Handlungsverlauf, der einer schematischen Ordnung folgt. Er orientiert sich an der Figur, die im Mittelpunkt steht und als einzige eine Entwicklung durchläuft: Andri. In den ersten sechs Bildern ist es Andris erklärtes Ziel, Teil der andorranischen Gesellschaft zu werden und nicht als »Anderer« betrachtet zu werden. Dem entgegengesetzt wird er bis zum Sechsten Bild immer mehr aus der Gesellschaft und der Familie ausgegrenzt: keine Tischlerlehre, keine Heirat mit Barblin, Betrug Barblins mit dem

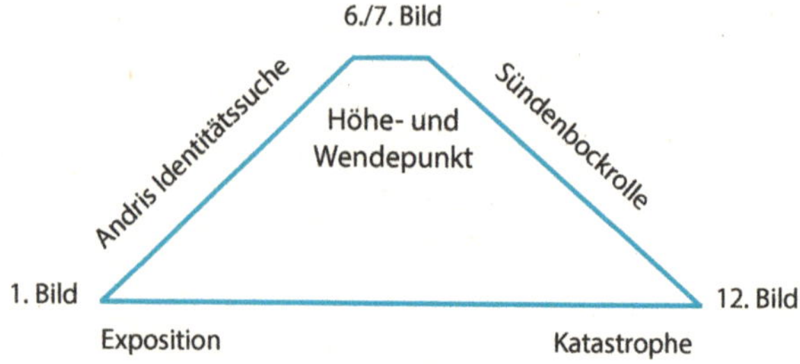

Abb. 3: Schema des Handlungsverlaufs

Soldaten (Missverständnis). Das Sechste (Enttäuschung durch Barblin) und Siebte Bild (Forderung des Paters, sein Anderssein zu akzeptieren) sind der Höhe- und Wendepunkt. Vom Siebten bis Zwölften Bild akzeptiert Andri sein Anderssein zunehmend, trotz offensichtlich entgegengesetzter Tatsachen, bis zur Tötung durch die Schwarzen. Das Erste Bild hat die Funktion einer Exposition: die Figuren und zentrale Problematik werden vorgestellt. Das letzte Bild enthält die Katastrophe: nicht nur Andri kommt ums Leben, sondern auch sein Vater, der Lehrer; seine Schwester verfällt dem Wahnsinn.

■ Höhe- und Wendepunkt

■ Exposition

■ Katastrophe

Modellcharakter des Dramas

■ Modell

»Andorra ist der Name für ein Modell«, so Max Frisch über sein Stück, es habe »nichts zu tun mit dem wirklichen Kleinstaat dieses Namens, gemeint ist auch nicht ein andrer wirklicher Kleinstaat« (S. 4). Modelle oder schematische Zeichnungen sollen dazu dienen, einen Mechanismus zu verstehen oder sich etwas im Kleinen anzuschauen, was man dann übertragen kann. Insofern hat das Drama Parabel-Charakter. In *Andorra* geht es um das Problem der Vorurteile und deren Auswirkungen auf Individuen und Gesellschaft. Frisch thematisiert es am Beispiel des Antisemitismus und bezieht damit, gut 15 Jahre nach dem Ende des NS-Staats, in einem aktuellen, konkreten zeithistorischen Kontext Stellung.

Max Frisch versucht aber mit der Modellhaftigkeit seines Stücks eine gewisse Verallgemeinerung hinsichtlich der Wahl seines Stoffes vorzunehmen; er sprach hierbei von Entaktualisierung[6], um bestimmte Prozesse deutlich zu machen, die dann vom Einzelnen reflektiert und auf sich bezogen werden sollten. In diesem Zusammenhang wurde ihm der Vorwurf gemacht, dass man das Schicksal der Juden nicht als Modell nehmen könne. Dazu Näheres im Kapitel 8, S. 108 f., zur Rezeption des Stücks.

■ »Entaktualisierung«

Das Modell ist der fiktive Kleinstaat »Andorra«, der im Wesentlichen aus dem »Platz von Andorra« besteht, auf dem die öffentlichen Szenen stattfinden (die Angabe im Ersten Bild, »Vor einem andorranischen Haus«, kann dem Platz zugerechnet werden, auch wenn nicht genauer erklärt wird, wo sich das Haus befindet). Er bildet den Rahmen des Dramas (Erstes und Zwölftes Bild). Hier versammelt sich die

6 Wendt/Schmitz (Anm. 1), S. 19.

andorranische »Gesellschaft«, die ebenfalls modellartig von wenigen Personen mit einem typischen Spektrum an Berufen verkörpert wird (Wirt, Tischler und Geselle, Soldat, Doktor, Pater), und hier wird die Besetzung Andorras durch die Schwarzen dargestellt. Die übrigen Orte sind privat und Schauplatz für individuelle Szenen (meist Andri mit Familienangehörigen oder einzelnen Andorranern).

Symmetrien im Aufbau

Die Orte lassen, wie auch die Handlung (siehe S. 64), andeutungsweise eine schematische Symmetrie erkennen, die das Modellhafte des Stücks verstärkt: Um den Höhe- und Wendepunkt (Sechstes und Siebtes Bild) als Achse gibt es Entsprechungen zwischen Erstem und letztem Bild (Platz von Andorra), Zweitem und vorletztem Bild (vor Barblins Kammer) und Viertem und Neuntem Bild (Stube des Lehrers).

Leitmotive

Verknüpft werden die Bilder nicht nur durch den Handlungszusammenhang, sondern auch durch ein Netz von Leitmotiven – Themen und Gegenstände, die immer wieder zur Sprache kommen.

Barblins Haar

In *Andorra* wird das Motiv der Haare leitmotivisch verwendet. Bereits im Ersten Bild ist Barblins Haar ein Thema: Der Soldat nennt es als ein Merkmal, das er an einer Frau beachtet bzw. das eine Frau für ihn attraktiv machen (S. 9). Wenig später spricht Barblin den Pater auf das Gerücht an, die »Braut« eines Juden würde »geschoren [...] wie ein räudiger Hund« S. (12).

Attraktivität und Schande

Besonders im Zweiten Bild ist Barblins Spiel mit ihrem Haar als Verführungssignal zu verstehen: Sie löst ihr Haar, beschäftigt sich damit, um Andri zu verführen, stellt dann fest, dass Andri es zerzaust habe; er küsst es. Doch thematisiert Andri auch die Bedeutung, die es für ihn hat: »Ich lieb dein Haar, dein rotes Haar, dein leichtes warmes bitteres Haar, Barblin, ich werde sterben, wenn ich es verliere.« (S. 26)

Verführung durch Spiel mit den Haaren

Im Elften Bild versucht Andri, wissend, dass ihn der Tod erwartet, und verdrängend, dass er Barblins Halbbruder ist, das nachzuholen, was er bisher in der Beziehung mit ihr versäumt hat. Dies initiiert er nonverbal zunächst mit dem Streichen über ihr Haar (S. 99). Auch im Folgenden spricht er ihr Haar an, indem er sich vorstellt, wie der Soldat Barblins Haar während intimer Situationen in seinen Händen hielt (S. 100), später durch die Frage: »Langweilt es dein Haar, wenn ich es küsse?« (S. 101), und die Ermahnung: »Denk an dein Haar« (S. 102), als die Soldaten eindringen, um Andri abzuholen.

Nach ihrem Aufbegehren gegen den Judenschauer wird Barblin weggeschleift. Was die Soldaten mit ihr machen, bleibt eine Leerstelle für den Zuschauer, sie sehen nur das Resultat: Nach Andris Ermordung ist sie geschoren (S. 124), und es ist genau das eingetreten, was zuvor bereits gerüchteweise weitererzählt

Scheren als Demütigung

wurde. Das Abrasieren der Haare stellt eine weitere, letzte Demütigung Barblins dar.

Am Ende des Stückes kommt die Sprache erneut auf das Leitmotiv zu sprechen (S. 127):

»BARBLIN Und mein Haar?
PATER Ich bete für Andri jeden Tag.
BARBLIN Und mein Haar?
PATER Dein Haar, Barblin, wird wieder wachsen –
BARBLIN Wie das Gras aus den Gräbern.«

Barblin stellt hier eine Parallele zwischen sich und Toten in einem Grab her. Infolge der Demütigungen erlebt sie sich wie tot.

Historische Anspielung auf KZ und Kollaborateurinnen

Wichtig zu erwähnen ist eine historische Anspielung, die Frisch hier mit dem Leitmotiv der Haare, besonders mit dem Verlust desselben, machte: Bei der Ankunft in Konzentrationslagern wurden Frauen die Haare geschoren. Nach Ende des Zweiten Weltkrieges wurde Frauen in Frankreich und Norwegen, die ein Liebesverhältnis mit einem deutschen Soldaten hatten, die Haare abrasiert, und sie wurden teilweise durch die Straßen getrieben. In allen Fällen war es eine Geste massiver Demütigung gegenüber den Frauen.

Das Orchestrion

Das Orchestrion war eine frühe Jukebox. Nach Geldeinwurf konnte man sich ein Lied aussuchen, das dann gespielt wurde. In Zeiten, in denen Platten oder

Plattenspieler teuer waren und nicht in jedem Haushalt aufzufinden, waren solche Einrichtungen in Kneipen also eine Möglichkeit, überhaupt Musik zu hören – aber auch eine Geldfrage oder eine Frage, wie man sich mit seinen Freunden abspricht. Es war also nicht selbstverständlich oder überhaupt möglich, die Musik, die man mochte, zu hören, wann man wollte. Geradezu ein unvorstellbarer Zustand aus heutiger Sicht …

Andri ist der Einzige im Stück, der das Orchestrion in Gang setzt. Zu Beginn, im Ersten Bild, wirft er sein Trinkgeld verschwenderisch ein, sobald er es bekommen hat (S. 12, 13), und bewegt sich zur Musik, geht, ohne die Musik zu Ende gehört zu haben. Dies ist einfach ein Ausdruck seiner Lebensfreude, die er so mit anderen teilen will. Es ist ihm lieber, dass die Musik für alle läuft, als dass er sie selbst zu Ende hören kann – zumal er leitmotivisch immer die gleiche Platte spielen lässt, bis hin zum letzten Bild.

■ Bedeutung der Musik für Andri

Auf diese Weise bringt der Zuschauer die Musik und das Orchestrion stets mit Andri in Verbindung. Der Wirt nennt die »Klimperkiste« unwidersprochen störend und nervend, macht die Musik für die Nervosität der Leute verantwortlich.

■ Verknüpfung Andris mit der Musik

Dass Andri sich verändert hat, wird im Sechsten Bild auch daran deutlich, dass er Barblin mitteilt, er spare nun und werfe sein Geld nicht mehr in die »Klimperkiste« (S. 52) – hier übernimmt er den abwertenden Sprachgebrauch des Wirtes. Im Achten Bild wirft Andri erneut mehrfach Münzen ins Orchestrion (S. 72), nun aber bewusst sein Geld aus-

■ Annahme der Geldgier als Beginn der Veränderung

gebend (»Ich zahle«), das er für die Heirat mit Barblin nicht mehr braucht.

Andere Musik

Nur einmal in *Andorra* wird noch eine andere Musik gespielt[7]: Der Einmarsch der fremden Soldaten wird von Marschmusik begleitet (Zehntes Bild, während des letzten Gesprächs zwischen Andri und Can):

»*Marschmusik in der Ferne.*

ANDRI Sie kommen mit Musik.« (S. 95)

Am Ende der Szene, als der Lehrer entwaffnet ist und Andri sein Schicksal als Jude, der an den Pfahl kommen wird, erwartet, setzt er das Orchestrion erneut in Gang, »so daß seine Melodie spielt« (S. 96). In der anschließenden Vordergrundszene, in der die Soldaten die Besetzung des Landes für den Zuschauer sichtbar machen, läuft es weiter. Dies deutet bereits auf die notwendige Verknüpfung von Andris Tod mit der Besetzung der Schwarzen hin und weist auf die Unvermeidbarkeit der Katastrophe hin.

Orchestrion-Musik als Symbol für Andri

Im letzten Bild fängt das Orchestrion in der sich verdunkelnden Szenerie von selbst an zu spielen, »die immergleiche Platte« (S. 124) – eine gespenstische Szene, die die Sterbestunde Andris symbolisiert. Frisch hat dieses Szene in Anlehnung an den Bericht vom Sterben Jesu im Neuen Testament angelegt: Auch im Matthäusevangelium (27,45–50) wird be-

7 Das spätere Trommeln der Soldaten wird hier nicht als musikalische Einlage betrachtet, sondern als militärische Drohgebärde.

richtet, dass eine »Finsternis über das ganze Land« kam, als Jesus starb. Die Orchestrion-Musik symbolisiert den abwesenden, sterbenden Andri.

Der Pfahl

Der Pfahl ist ein weiteres Motiv, das eine Parallelisierung zwischen Andris und Jesu Leiden und Sterben herstellt. Er erinnert an das Kreuz.

Pfahl und Kreuz

Erstmals erwähnt wird er bereits im Ersten Bild: Der Lehrer sieht ihn plötzlich und wird bleich (S. 13). Die Andorraner ignorieren ihn systematisch (S. 14, 16). Hier bleibt noch unklar, ob es sich um Halluzinationen des betrunkenen Lehrers handelt. Zuvor hat Barblin aber bereits die Verwendung angedeutet – Andris Schicksal vorwegnehmend:

> »Wenn einmal die Schwarzen kommen, dann wird jeder, der Jud ist, auf der Stelle geholt. Man bindet ihn an einen Pfahl, sagen sie […]« (S. 12).

Dass der Pfahl vor dem Einfall der Schwarzen bereits in Andorra steht, verweist symbolisch darauf, dass die Andorraner sich nicht von den Schwarzen unterscheiden, sondern im Grunde die gleichen Ziele verfolgen wie diese.

In der Vordergrund-Szene des Wirts wird erstmals deutlich, dass der Pfahl das Hinrichtungsinstrument für Andri sein wird:

Aussage des Wirts und des Paters

> »Hab ich ihn vielleicht an den Pfahl gebracht?« (S. 24)

Die Aussage des Wirts im Rückblick ist für den Zuschauer zugleich eine Vorausdeutung auf das Schicksal Andris. Der Pater bekennt später: »[...] auch ich habe ihn an den Pfahl gebracht« (S. 65).

■ Symbol für antisemitische Verfolgung

Andri bezieht schließlich die viele Jahrhunderte während Verfolgung der Juden mit ein:

> »Ich weiß, wer meine Vorfahren sind. Tausende und Hunderttausende sind gestorben am Pfahl, ihr Schicksal ist mein Schicksal.« (S. 95)

So ist der Pfahl nicht nur das Symbol für das individuelle Leiden Andris, sondern steht generell für die Rolle der »Sündenböcke«.

Das Weißeln

■ Erstes Bild

Das Drama beginnt und endet damit, dass Barblin beim Weißeln gezeigt wird. Im Ersten Bild geht es vordergründig darum, das Elternhaus für den bevorstehenden Sanktgeorgstag vorzubereiten. Allerdings wird bereits hier die symbolische Bedeutung des Motivs deutlich, als der Soldat auf den drohenden Platzregen hinweist:

> »[...] wenn ein Platzregen kommt, das saut euch jedesmal die Tünche herab, als hätte man eine Sau

> geschlachtet, eure schneeweiße Tünche von eurer schneeweißen Kirche.« (S. 9)

Das Weißeln steht für das Übertünchen der Schuld, die die Andorraner am Schicksal Andris tragen. Nur äußerlich unterscheidet sich das »schneeweiße Andorra« von den Schwarzen, die die Judenfeindschaft offen zur Schau stellen.

■ Übertünchen der Schuld

Ganz am Schluss des Stücks weißelt Barblin, nun im Wahnsinn die Wahrheit aussprechend, das Pflaster und nennt die Andorraner, was sie sind: »Mörder«.

■ Zwölftes Bild

> »Ich weißle, ich weißle, auf daß wir ein weißes Andorra haben, ihr Mörder, ein schneeweißes Andorra, ich weißle euch alle – alle.« (S. 125)

5. Quellen und Kontexte

Erste Idee 1946

Frisch entwickelte das Stück über einen längeren Zeitraum hinweg: Von der ersten Idee im Jahr 1946 bis zur Veröffentlichung und Erstaufführung vergingen 15 Jahre. Frisch erinnerte sich sogar noch daran, wie ihm der zugrundeliegende Stoff einfiel: »1946 im Café de la Terrasse, Zürich, vormittags.«[8]

Fleißer: *Andorranische Abenteuer* (1932)

Hans Bänziger[9] weist zudem darauf hin, dass Frisch bereits im Jahr 1932 eine Besprechung von Marieluise Fleißers *Andorranischen Abenteuern* verfasst habe, deren Figuren Ähnlichkeiten mit den Andorranern des vorliegenden Werkes aufweisen:

- übertriebenes Standesbewusstsein;
- der Wirt als quasi Oberster des beschriebenen Dorfes,
- schlau und fromm

> »Sowohl Eingeschlossenheit, Neutralität wie weltgeschichtliche ›Unschuld‹ bzw. Irrelevanz des Staates sind auch für Frischs Andorra entscheidende Bedingungen.«[10]

8 *jetzt: max frisch*, hrsg. von Max Bolliger [u. a.], Frankfurt a. M., S. 155.

9 Hans Bänziger, *Erläuterungen und Dokumente. Max Frisch, »Andorra«*, Stuttgart 1985 [u. ö.], S. 22 f.

10 Bänziger (Anm. 9), S. 6.

»Marion und die Marionetten« (1946)

Eine Vorarbeit Frischs beschäftigt sich mit den äußeren Umständen, die in Andorra herrschen. In seinem Tagebuch befindet sich unter der Überschrift »Marion und die Marionetten« folgende Einleitung:

> »Andorra ist ein kleines Land, sogar ein sehr kleines Land, und schon darum ist das Volk, das darin lebt, ein sonderbares Volk, ebenso mißtrauisch wie ehrgeizig, mißtrauisch gegen alles, was aus den eignen Tälern kommt.«[11]

Des Weiteren beschreibt er das erfundene Wappen, die herrschende Heuchelei und ein Verhältnis zwischen dem Protagonisten Marion und einem Widersacher, in dem Interpreten eine Vorstufe von Andris Verhältnis zu Peider sehen.

Prosaskizze: »Der andorranische Jude« (1946)

Vor der Ausarbeitung des Stoffes zum Theaterstück verfasste Frisch eine themengleiche Prosaskizze. Bemerkenswert ist der Titel: Für die Andorraner im fertigen Theaterstück *Andorra* und für die Andorraner des Prosatextes ist es nicht vorstellbar, Andorraner und Jude gleichzeitig zu sein – wobei die eine Bezeichnung ja die religionsunabhängige Nationalität, das andere die staatsunabhängige Religion nennt.

11 Bänziger (Anm. 9), S. 23 f.

Unterschiede zum Drama

Bei gleicher Thematik gibt es wesentliche Unterschiede zwischen der Prosaskizze und dem späteren Drama:

- Die Einleitung zum Prosatext setzt den Leser davon in Kenntnis, dass es sich um die Geschichte eines jungen Mannes handele, der für einen Juden gehalten wird. Erst nach dessen Tod stellt sich heraus, dass es sich um einen Andorraner gehandelt hat.
- Die Andorraner sind einsichtig und erkennen ihre Schuld an. Beim Blick in den Spiegel habe sich »jeder von ihnen« als Judas erkannt. Nach dem Neuen Testament hat Judas Jesus verraten, was dazu führte, dass dieser verhaftet und letztendlich gekreuzigt wurde. Im alltäglichen Sprachgebrauch steht Judas daher für einen Verräter.
- Der junge Mann ist alleine gelassen, niemand hält zu ihm.

Am Schluss erfolgt eine klärende Passage, die später als »Das Bildnisverbot« bezeichnet wird. Sie lautet:

> »Du sollst dir kein Bildnis machen, heißt es, von Gott. Es dürfte auch in diesem Sinne gelten: Gott als das Lebendige in jedem Menschen, das, was nicht erfaßbar ist. Es ist eine Versündigung, die wir, so wie sie an uns begangen wird, fast ohne Unterlaß wieder begehen – Ausgenommen wenn wir lieben.«[12]

12 Bänziger (Anm. 9), S. 27.

Gegen dieses Verbot verstoßen die Andorraner. Wider besseres Wissen oder anderen Erfahrungen machen sie sich ein Bildnis von Andri:

Umsetzung in *Andorra*

- Es entspricht den gängigen Klischees über Juden (Geldgier, Intellekt, Gefühllosigkeit).
- Die eigenen unerwünschten Eigenschaften werden auf ihn übertragen (siehe das mimetische Dreieck, S. 90 f.).
- Teilweise ist das Bildnis auch positiv (Pater, Lehrer), was aber genauso zum Problem der Ausgrenzung führt (Andri will ja wie die anderen sein, nicht besser und gescheiter).
- Fast gänzlich ohne Bildnis ist Barblin – nach Frisch, weil sie Andri liebt.

Der Pater sieht in dem Verstoß gegen das Bildnisverbot, das als zweites der Zehn Gebote gilt, in der Vordergrund-Szene seine Hauptschuld:

> »Du sollst dir kein Bildnis machen von Gott, deinem Herrn, und nicht von den Menschen [...]. Auch ich habe mir ein Bildnis gemacht.« (S. 65)

Die Stigmatisierung Andris durch die Missachtung des Bildnisverbots geschieht schleichend, nach und nach, nicht durch ein bestimmtes Ereignis verursacht:

- So berichtet der Lehrer in seinem Geständnis davon, dass die Andorraner Andri als gerade eingetroffenes

Baby gut aufgenommen hätten, da es ihnen geschmeichelt habe, dass sie nicht wie die schwarzen Nachbarn seien (S. 94). Die Tatsache, ein Judenkind gerettet zu haben und aufzuziehen galt zunächst als rühmlich. Auch dies zeigt, dass die Andorraner aus dem Wunsch heraus handelten, ein bestimmtes Bildnis zu erfüllen, Can eingeschlossen.

- Durch die Erzählung des Paters (S. 59) wird deutlich, dass Andri auch im Kindesalter nicht in dem Maße dem Ausschluss und der Ablehnung durch die Gesellschaft ausgesetzt ist, wie dies später, kurz vor dem Überfall der Schwarzen, der Fall ist.
- Auch in der Tischlerei, vor Beginn der Lehrprobe, schmieden Fedri und Andri noch gemeinsame Pläne, um Andri in die Fußballmannschaft aufzunehmen. Allerdings gibt Fedri schon direkt eine Verhaltensanweisung (S. 30): Andri solle sich nicht die Hände reiben, sonst würde die ganze Tribüne lachen. Hier ist bereits ersichtlich, dass der Geselle einem Bildnis aufgesessen ist, dem Andri zwar ganz und gar nicht entspricht, das aber trotzdem unhinterfragt übernommen wird.

Die Bewertung des Bildnisses bei den Andorranern ändert sich unter dem Druck und der Angst vor den Schwarzen. Andri verhält sich in der zweiten Hälfte des Dramas zunehmend selbst dem negativen Bildnis entsprechend.

Max Frischs Liebesbegriff

Max Frischs Begriff der Liebe hängt mit dem Bildnisbegriff eng zusammen. So erklärt es sich, dass Barblin nicht nur bis zum Ende – über den Tod hinaus – zu Andri hält, sondern auch, dass sie die Einzige ist, die das tut.

> »Es ist bemerkenswert, daß wir gerade von dem Menschen, den wir lieben, am mindesten aussagen können, wie er ist. Wir lieben ihn einfach. Eben darin besteht ja die Liebe, das Wunderbare an der Liebe, daß sie uns so in der Schwebe des Lebendigen hält, in der Bereitschaft, einem Menschen zu folgen in allen seinen möglichen Entfaltungen. […] So wie das All, wie Gottes unerschöpfliche Geräumigkeit, schrankenlos, alles Möglichen voll, aller Geheimnisse voll, unfaßbar ist der Mensch, den man liebt – nur die Liebe erträgt ihn so […].«[13]

Umsetzung in der Figur der Barblin

Da Barblin Andri im Frisch'schen Sinne liebt, also bedingungslos, ohne »aussagen [zu] können, wie er ist«, d. h., ohne sich ein Bildnis zu machen, ermuntert sie ihn zur Nichtbeachtung der anderen, und deshalb ist es ihr also auch egal, was die anderen von Andri halten. Es ist ihr einfach keinen Gedanken wert, weil es für sie nicht von Relevanz ist – für Andri hingegen allerdings schon.

13 Max Frisch, *Tagebuch 1946–49*, Frankfurt a. M. 1950, S. 31.

Nur weil der Vater sie über die leibliche Verwandtschaft mit Andri in Kenntnis gesetzt hat, kann sie ihre Gefühle natürlich nicht abschalten. Aber es gelingt ihr, sie in Bruderliebe umzudeuten. Und so erklärt es sich auch, dass sie bis zum Schluss zu Andri hält und die Möglichkeit seines Wohlergehens über das ihre stellt: Deshalb flieht sie nicht beim Einbruch der Soldaten ins Elternhaus, deshalb versteckt sie nicht sich (was sie vor ihrem letztendlichen Schicksal als »Judenhure« und neuer Außenseiterin in Andorra möglicherweise bewahrt hätte), sondern Andri, obwohl Aussichten auf einen Erfolg (also Andris Überleben) nicht vorhanden sind.

Andorra als Zeitstück vor dem Hintergrund seiner Entstehungszeit

Andorra wurde im Herbst 1961 publiziert. Nimmt man angesichts des Themas des Antisemitismus an, dass Frisch sich vorrangig mit der Judenverfolgung während der Nazi-Herrschaft in Deutschland beschäftigt, wirft das für die heutige Schülergeneration vermutlich die Frage auf, inwiefern man hier von einem Zeitstück sprechen könne – mehr als 15 Jahre nach Weltkriegsende. Frisch selbst bestätigte dies jedoch ausdrücklich.[14] Eine Rolle spielt hierfür jedoch

14 Wendt/Schmitz (Anm. 1), S. 19. Und zwar auf die Frage »Könnten Sie der Meinung zustimmen, daß Andorra – bei allem Modellcharakter – doch in erster Linie ein Zeitstück war: nicht denkbar ohne das politische Klima der ausgehen-

nicht die Zeit des Zweiten Weltkriegs, sondern der Beginn der Aufarbeitung der Verbrechen, die unter den Nationalsozialisten verübt wurden.

Stellvertretende Anklage des Lehrers

Einen Hinweis gibt er auch in der Gestalt des Lehrers, der bei der Judenschau, als die noch unaufgelöste Frage nach dem wahren Mörder der Senora nicht mehr aufkommt, seine Landsleute anklagt (S. 113):

> »LEHRER Warum lügt ihr? Einer von euch hat's getan. Warum sagt ihr, mein Sohn hat's getan –
> *Trommelwirbel*
> Wer unter ihnen der Mörder ist, sie untersuchen es nicht. Tuch drüber! Sie wollen's nicht wissen. Tuch darüber! Daß einer sie fortan bewirtet mit Mörderhänden, es stört sie nicht. Wohlstand ist alles! […] Sie hassen nur den, der sie daran erinnert –
> *Trommelwirbel* […].«

Die fehlende Aufklärung über das bzw. die Verbrechen bildet die Verbindung zwischen dem Stück und der Gegenwart seiner Entstehung.

Die Auschwitz-Prozesse begannen im Dezember 1963, also 18 Jahre nach Kriegsende, fünf Jahre nachdem Frisch damit begonnen hatte, den *Andorra*-Stoff konkret auszuarbeiten, zwei Jahre nach der Fertigstellung und Uraufführung *Andorras*. Allerdings gab es bereits in den 1950er Jahren erste Ansätze, über den

den fünfziger Jahre, der Versuch von Geschichts-Aufarbeitung, der NS-Prozesse?« (Wendt/Schmitz, Anm. 1, S. 17).

Aufarbeitung der NS-Zeit

Zweiten Weltkrieg und den Holocaust zu sprechen – zeitlich noch weit von dem Versuch entfernt, die damals Verantwortlichen vor Gericht zu stellen und die Hintergründe enttarnen zu können. Zur Aufarbeitung der Rolle der Wehrmacht bei der Judenvernichtung kam es erst seit 1998 im Zuge der Wehrmachtsausstellung in der Frankfurter Paulskirche. Dieser Prozess ist bis heute im Gange.

Andorra – ein politisches Stück über die Schweiz?

Kritik an der Schweiz in *Andorra*

Doch das ist die deutsche Sicht der Dinge. Die Schweiz, die sich als neutral ansah und so versuchte, nicht in die Kriegskonflikte hineingezogen zu werden, war ja scheinbar gar nicht von der Problematik betroffen, etwas aufarbeiten zu müssen. Und doch steckt in *Andorra* (bei allen Versuchen, ein Modell zu erschaffen) auch ein Vorwurf Frischs gegen sein Heimatland: Auf die Frage von Ernst Wendt »Oder ist es eigentlich (heimlich) ein recht sehr schweizerisches Stück? Und schließt das eine das andere vielleicht nicht aus?« antwortete Frisch: »Das ist […] kein Oder. *Andorra* hat das schweizerische Publikum getroffen […] – und dies nicht unbeabsichtigt; eine Attacke gegen das pharisäerhafte[15] Verhalten gegenüber der deutschen Schuld: der tendenzielle Antisemitismus in der Schweiz. […].«[16]

15 Pharisäer: Heuchler.
16 Wendt/Schmitz (Anm. 1), S. 17 und 19.

Doch weshalb kann man der Schweiz heuchlerisches Verhalten vorwerfen? – Ist sie doch der Inbegriff von Neutralität, bis in die Gegenwart hinein. Aber gerade hier ist der Pferdefuß zu finden: Um Neutralität bemüht, wurden fliehende Juden während des Zweiten Weltkrieges bereits an der Grenze abgefangen und abgewiesen. Erst zum Kriegsende hin, als die Bedrohungslage abnahm, wurden Flüchtlinge aufgenommen. Auch Handelsinteressen mit Deutschland wurden unbeirrt gepflegt. Max Frisch benennt das pointiert: »Sechs Tage in der Woche arbeiten die Schweizer für Hitler, am Sonntag beten sie für den Sieg der Alliierten.«[17]

»Andorra ist deshalb (auch) ein Modell für die Schweiz und im Zusammenhang mit der dortigen Landesgeschichte zu lesen. [...] Nach Ausbruch des Zweiten Weltkriegs ist das Land gegenüber den kriegführenden Parteien wie gewohnt neutral, aber bewaffnet.«[18] Andorra pflegt bis zum Einmarsch der Schwarzen die bewaffnete Neutralität. Der Soldat repräsentiert diese Haltung. Die Begründung spiegelt sich vorrangig im Verhalten des Doktors, der immer wieder darauf hinweist, man dürfe sich nichts zuschulden kommen lassen und niemandem einen Vorwand liefern.

Neutral, aber bewaffnet

17 Max Frisch, *Gesammelte Werke*, Bd. 6, S. 586 (zitiert nach: Olaf Kutzmutz, *Lektüreschlüssel. Max Frisch, »Andorra«*, Stuttgart 2004, Anm. 64, S. 45).

18 Kutzmutz (Anm. 17), S. 45 (das Frisch-Zitat nach: Heinz Ludwig Arnold, *Gespräche mit Schriftstellern*, S. 51).

Der Eichmann-Prozess

Bei Adolf Eichmann (1906–1962) handelte es sich um einen der meistgesuchten Kriegsverbrecher der NS-Zeit. Er war mitverantwortlich für die Organisation der Massenmorde an den Juden. Ihm gelang es, lange Zeit unentdeckt zu bleiben und in Argentinien unterzutauchen. Dem israelischen Geheimdienst Mossad gelang es 1960, ihn aufzuspüren und nach Israel zu entführen. Eichmann sagte ab dem Frühjahr 1961 vor Gericht in Jerusalem aus, im Dezember 1961 wurde er zum Tode verurteilt. Vollstreckt wurde das Urteil am 1. Juni 1962. Der Prozess fand also in der Phase der Fertigstellung und Uraufführung von *Andorra* (2. November 1961) statt und hat seine Spuren hinterlassen.

■ Eichmanns Rechtfertigungsversuche

Eichmanns Aussage beinhaltete unter anderem folgende Rechtfertigungsversuche:

»Ich hatte das Unglück, in diese Greuel verwickelt zu werden. Aber diese Untaten geschahen nicht mit meinem Willen. Mein Wille war nicht, Menschen umzubringen. Der Massenmord ist allein die Schuld der politischen Führer. […]

[…] Aber ich wurde festgehalten bei den dunklen Aufgaben. Ich betone auch jetzt wieder, meine Schuld ist mein Gehorsam, meine Unterwerfung unter Dienstpflicht und Kriegsdienstverpflichtung und Fahnen- und Diensteid; dazu galt seit Kriegsbeginn das Kriegsgesetz.

Dieses Gehorchen war nicht leicht. Und wieder,

Abb. 4: Adolf Eichmann vor Gericht in Jerusalem, 1961

wer zu befehlen und gehorchen hat, weiß, was man einem Menschen zumuten darf. Ich habe nicht mit Gier und Lust Juden verfolgt. Dies tat die Regierung. Die Verfolgung konnte auch nur eine Regierung durchführen. Ich aber niemals. Ich klage die Regierenden an, daß sie meinen Gehorsam mißbraucht haben.«[19]

■ Verarbeitung in der Figur des Soldaten

Seine Versuche, die Unschuld zu erklären, finden sich bei den Andorranern, besonders in der Figur des Soldaten, wieder:

- Eichmann spricht sich von der Mitschuld am Massenmord frei und schiebt die Verantwortung der politischen Führung zu; er habe nur Befehle befolgt. Der Soldat gibt an, keinen Mord begangen zu haben, sondern nur Befehle befolgt zu haben.
- Eichmann entschuldigt sich damit, dass er dem Kriegsgesetz unterworfen gewesen sei und danach habe handeln müssen; er sehe seinen Gehorsam missbraucht. Der Soldat gibt während der Haupthandlung einige Male den Hinweis darauf, dass er den militärischen Gesetzen Folge leisten müsse: »Order ist Order«. Dies beinhaltet ein Ausführen jeglichen Befehls, auch wider jede Menschlichkeit, da man sonst Gefahr liefe, sich der Insubordination, des militärischen Ungehorsams, schuldig zu ma-

■ Kriegsgesetz als vorgeschobene Handlungslegitimation

19 Bernd Nellessen, *Der Prozeß von Jerusalem. Ein Dokument*, Düsseldorf/Wien 1964, S. 304, zitiert nach: Bänziger (Anm. 9), S. 33.

chen. Die Notwendigkeit, die Befehle zu befolgen, gibt der Soldat dann auch in der Zeugenschranke im Nachhinein als grundsätzliche Handlungslegitimation an.

6. Interpretationsansätze

Das Sündenbock-Prinzip

In einem Brief stellt Max Frisch im Blick auf die Andorraner die rhetorische Frage:

> Daß sie, schuldig durch diesen anonymen Steinwurf, den Schwarzen einen Sündenbock abzuliefern haben, ist das nicht klar?[20]

Andorra ist das Drama des vermeintlichen Juden Andri, der von den Andorranern aus den verschiedensten Gründen zum Sündenbock gemacht wird. Der Endpunkt ist seine Hinrichtung im letzten, Zwölften Bild. Frisch selbst war der Meinung, dass gerade auch Schüler an diesem Modellstück Erkenntnisse gewinnen, die an eigene Erfahrungen anknüpfen:

> »In der Klasse ist einer der outcast, der Jude, der Sündenbock – dieser Mechanismus spielt immer. Daß man diesen Mechanismus einmal theatralisch möglichst durchsichtig durchführt, hat einen Zweck.«[21]

■ Sündenbock im Alten Testament

Das Sündenbock-Prinzip ist simpel und entstammt der Bibel (Altes Testament, 3. Buch Mose 16,1–28): An

20 *jetzt: max frisch* (Anm. 8), S. 166 (aus einem Brief vom 10. Januar 1961 an das Lektorat des Suhrkamp Verlages).
21 Wendt/Schmitz (s. Anm. 1), S. 64.

Abb. 5: William Holman Hunt, *Der Sündenbock*, Gemälde von 1854

einem bestimmten Tag im Jahr, Jom Kippur (Versöhnungstag), belud der Priester symbolisch einen Bock mit allen begangenen Sünden des Stammes. Der Bock wurde in die Wüste gejagt, mit ihm verschwanden auch die begangenen Sünden.

Wenn man heute von Sündenböcken spricht, meint man Menschen, die für ein Übel verantwortlich gemacht werden. Man lädt die Schuld eben diesen auf und spricht sich damit von Schuld frei. Jeder hat irgendeinen Sündenbock im Kleinen, wenn es darum geht, zu entschuldigen, dass Verpflichtungen nicht eingehalten werden konnten (wie Hausaufgaben machen oder ein Instrument üben), oder dass irgendein anderes Fehlverhalten gerechtfertigt werden soll.

Andri in der Rolle als Sündenbock

Andri sieht sehr früh, bereits im Zweiten Bild, seine Rolle als Sündenbock voraus:

»ANDRI [...] das gibt's, Menschen, die verflucht sind, und man kann machen mit ihnen, was man will, ihr Blick genügt, plötzlich bist du so, wie sie sagen. Das ist das Böse. Alle haben es in sich, keiner will es haben, und wo soll das hin? In die Luft? Es ist in der Luft, aber da bleibt's nicht lang, es muß in einen Menschen hinein, damit sie's eines Tages packen und töten können ...« (S. 28).

René Girard

Mit der Sündenbock-Theorie des Religionsphilosophen René Girard[22] kann das Prinzip genauer beschrieben werden: Sie hat als Grundlage das latente Vorhandensein von Gewalt in der Gesellschaft. Das heißt, dass Gewalt immer vorhanden ist, wenn Menschen zusammenleben, egal, wie friedlich sie auch sein mögen. Diese Aggressionen können zur Selbstzerstörung einer Gruppe führen oder müssen umgeleitet werden. Auch im literarischen Staat Andorra herrscht ein allgegenwärtiges Gewaltpotenzial, teilweise wird es offen gezeigt, teilweise kommt es versteckt durch hinterlistige psychische Gewalt zutage.

Mimetisches Dreieck des Begehrens

Das Entstehen und die Ursache des Gewaltpotenzials sieht Girard in einer Konstruktion, die er »mimetisches[23] Dreieck des Begehrens«[24] nennt: Eine

22 Die Bezugnahme erfolgt im ganzen Kapitel hauptsächlich auf die Ausführungen in *Der Sündenbock* (Zürich 1988), *Das Heilige und die Gewalt* (Zürich 1987) und *Das Ende der Gewalt* (Freiburg i. Br. 1983).

23 Mimetisch: etwas mimen: etwas vorspielen.

24 U. a. in *Das Ende der Gewalt* beschrieben (Anm. 22, S. 14).

Person möchte etwas besitzen, was eine andere hat. Der Grund liegt schlicht und einfach darin, *dass* es die andere Person besitzt – besser bekannt ist dieses Gefühl auch als Neid[25]. Es geht nicht um das Objekt des Begehrens selbst. Die Mimesis im Girard'schen Sinne, Nachahmung an sich, stellt prinzipiell auch die Grundlage unseres Lebens dar, sie bildet ja die Voraussetzung unseres Lernens von den ersten Atemzügen an.[26] Dieses Nachahmen ist aber auch zugleich Ursprung von Aggressionen und birgt so ein Selbstzerstörungspotenzial für die Gesellschaft, das durch einen Sündenbock entschärft wird.

Erstes Bild: Aggressionspotenzial

Eine entsprechende Situation beschreibt Frisch am Anfang des Dramas: Zwar schreiben sich die Andorraner selbst im Gegensatz zu den Schwarzen nur positive Eigenschaften zu (das »weiße Andorra«), tatsächlich herrschen aber Neid und Habgier (exemplarisch dafür stehen der Tischler und der Wirt), Aggression (verkörpert durch den Soldaten Peider) und tiefe Angst vor einem Überfall durch die Schwarzen (geäußert von Barblin). Die Ordnung ist destabilisiert, das latente Gewaltpotenzial lässt die Situation explosiv wirken. Deutlich markiert wird das symbolisch durch die Wettermetaphorik, die das Erste Bild durchzieht,

25 Es geht primär um das Besitzen an sich, nicht darum, etwas wirklich zu brauchen. Das Begehren wird laut Girard imitiert. In der Werbung wird dieses Phänomen erzeugt durch Labels auf Gebrauchsgegenständen, die einen besonderen Wert signalisieren und so einen Neidfaktor schaffen.

26 Girard, *Das Ende der Gewalt* (Anm. 22), S. 31.

während Barblin mit dem symbolischen Weißeln des Elternhauses beschäftigt ist. So fürchtet der Pater einen »Platzregen«; der Soldat kommentiert das hämisch:

> »[...] seine Kirche ist auch nur aus Erde gemacht, und die Erde ist rot, und wenn ein Platzregen kommt, das saut euch jedesmal die Tünche herab, als hätte man eine Sau drauf geschlachtet« (S. 9).

Der Jemand erwartet ein reinigendes Gewitter:

> »Ich glaub, es hängt ein Gewitter in der Luft, ein schweres Gewitter, dem Land tät's gut ...« (S. 13).

Unmittelbar danach spielt das Orchestrion Andris Lied, das auch in seinem Todesmoment zu hören ist (Zwölftes Bild, S. 124); man kann das als ersten symbolischen Hinweis auf seine »reinigende« Sündenbockrolle deuten.

Stigmatisierung und Verfolgung Andris

■ Andri als »Sündenbock«

Andri ist ein ›geeigneter‹ Sündenbock, da er, vermeintlich ein »Jud«, als Außenseiter betrachtet wird und ihm leicht stereotype antisemitische Vorurteile zugeschrieben werden können. Die Andorraner machen sich ein »Bildnis« von ihm (siehe Kap. 5, S. 76 ff.); der Pater betrachtet das nachträglich als seine Hauptschuld (S. 65 im Buch).

Obwohl Andri schon lange in Andorra lebt und viele ihn gut kennen, beurteilen sie ihn nicht als bekannten Mitbürger, sondern grenzen ihn wegen seiner vermeintlichen Zugehörigkeit zur jüdischen Rasse aus. (Damit unterstellt man ihm und allen anderen Juden quasi die gleichen Eigenschaften, die das Jüdischsein ausmachen und qua Geburt – genetisch – weitergegeben werden.) Es ist bemerkenswert, wie sorgfältig Max Frisch darauf geachtet hat, dass die Eigenschaften, die Andri zugeschrieben werden, eigentlich die schlechten Verhaltensweisen der Andorraner sind. Sie werden ihm als »Sündenbock« aufgeladen:

Einseitige Beurteilung als vermeintlicher Jude

	Selbstbild	**wahres Verhalten**	**Andri zugeschrieben**	**tatsächliche Eigenschaften Andris**
Wirt	• gemütlich • guter Andorraner	• gierig (Landabkaufen zu einem zu geringen Preis) • »wie der Jud« in Geldangelegenheiten • (vermutlich) Mörder an der Senora	• Mord an der Senora	• freigebig • opferbereit

	Selbstbild	wahres Verhalten	Andri zugeschrieben	tatsächliche Eigenschaften Andris
Soldat	• mutig: »Lieber tot als Untertan«, Kampf bis zum Letzten	• feige • skrupelloser Vergewaltiger	• Feigheit • Geilheit	• Mut
Tischler	• hochwertige handwerkliche Arbeit	• geldgierig, betrügerisch • schlechter Handwerker	• kaufmännisches Geschick	• handwerklich geschickt
Geselle		• handwerklich nicht geschickt, • treulos	• Borniertheit	• loyal
Doktor	• aus Heimatliebe zurückgekehrt	• berufliches Versagen als Grund für die Rückkehr	• Juden: übertrieben ehrgeizig • empfindlich, verstehen keinen Spaß	
Lehrer	• aufgezwungenes Handeln durch die Umstände	• feige, verlogen		• freundlich • offen, wahrheitsgetreu

	Selbstbild	wahres Verhalten	Andri zugeschrieben	tatsächliche Eigenschaften Andris
Pater	• nächstenliebend • christlich	• versagt in seiner beruflichen Rolle • voller Vorurteile • feige	• mutig • gescheiter als die anderen • hat was Gehetztes • überempfindlich • mehr Verstand als Gefühl	• möchte dazugehören • mutig • gescheit • sensibel

Andri begegnet dem Leser bzw. Zuschauer im Ersten Bild im Gegensatz zu diesen Zuschreibungen als ein positiv gestimmter junger Mann voller Träume und Hoffnung und mit klaren Lebenszielen: Er ist freundlich, mutig, handwerklich geschickt und selbstbewusst, möchte Tischler werden und seine vermeintliche Pflegeschwester Barblin heiraten, zu der er ein vertrauensvolles, gutes Verhältnis seit Kindertagen hat. Ursprünglich hat er also lauter Eigenschaften inne, die die »richtigen Andorraner« ja eigentlich für sich beanspruchen.

■ Ursprüngliches Wesen Andris

Andri wird, angefangen mit dem Ersten Bild, immer weiter aus der andorranischen Gesellschaft ausgeschlossen. Ist er zunächst noch wie selbstverständlich als Küchenjunge beim Wirt beschäftigt, bekommt, wenn auch mit Zögern, einen Ausbildungsplatz beim

■ Ausschluss aus der Gesellschaft

Tischler und wird vom Gesellen in die Fußballmannschaft eingeladen, so verschärft sich die Ausgrenzung immer mehr bis hin zur Gewaltanwendung: Es werden ihm schlechte Eigenschaften unterstellt: unerlaubtes Rauchen (S. 31), er verstehe keinen Spaß (S. 42). Die erste Aggression, Beinstellen, geschieht schon im Ersten Bild (S. 20), später wird er verprügelt (S. 74). In der zweiten Hälfte des Dramas sprechen die Andorraner in den öffentlichen Szenen nicht mehr mit ihm (besonders auffällig S. 70, S. 90).

Nach Girard kann man das, was die Andorraner mit Andri machen, »stereotype Anschuldigung«[27] nennen. »Die Verfolger sind zu guter Letzt immer davon überzeugt, eine kleine Gruppe von Individuen oder sogar ein einzelner könne sich trotz schwacher Kräfte für die Gesellschaft insgesamt als äußerst schädlich erweisen.«[28]

Und folglich spielt es bei der Judenschau auch gar keine Rolle, wer das einzig ›fassbare‹ Verbrechen, den Mord an der Senora, tatsächlich begangen hat. Die inhärente Gewalt hat sich so lange angestaut, bis sie sich durch Andris Hinrichtung entlädt. Für die Andorraner (und erst recht für die Schwarzen) spielt es keine Rolle, ob der Lehrer und der Pater recht haben, wenn sie behaupten, Andri sei gar kein Jude. Er hat die Rolle aufgezwungen bekommen, ist symbolisch mit den Ängsten und Vorurteilen der Andorraner beladen worden, und folglich muss der Mecha-

27 Girard, *Der Sündenbock* (Anm. 22), S. 29 und S. 27.
28 Girard, *Der Sündenbock* (Anm. 22), S. 27.

nismus, die Opferung des Sündenbockes Andri, nun zu einem Ende gelangen, damit die soziale Gruppe der Einwohner Andorras wieder befriedet sein kann. (Nach Girard kann es nicht anders sein, da es sonst zur Selbstzerstörung der Gruppe käme.) Die sich zuvor entwickelnde Angst (u. a. vor der Judenschau) treibt den Mechanismus zu seinem letzten Höhepunkt.

■ Opferung Andris als notwendige Folge

Andris Überidentifikation

Je mehr die Andorraner Andri zum Sündenbock abstempeln, um so dramatischer wird für Andri die Identitätsfrage. Bereits im Zweiten Bild stellt er, nachdem er die Vorurteile durchgegangen ist, mit denen er sich konfrontiert sieht (kein Gefühl, feige, humorlos), Barblin die Frage:

■ Ausgrenzung

> »Ich weiß nicht, wieso ich anders bin als alle. Sag es mir. Wieso? Ich seh's nicht ...« (S. 27).

Alle Versuche, ein ›normaler‹ Andorraner zu sein, scheitern: Er darf die sehnlichst gewünschte Tischlerlehre nicht machen, er wird nicht in die Fußballmannschaft aufgenommen, schließlich verbietet ihm der Vater die Heirat mit Barblin. Als auch die geliebte Barblin ihn (scheinbar) fallenlässt, indem sie – so scheint es Andri – mit dem Soldaten schläft (Sechstes Bild), ist die Außenseiterrolle für ihn vollendet. Selbst in den persönlichsten Beziehungen fühlt er sich ausgegrenzt, da er das Verhalten des Vaters und Barblins fälschlicherweise auch seinem Jude-Sein zuschreibt.

Überidentifikation

Die extreme Spannung zwischen dem Wunsch dazuzugehören und der Erfahrung, ganz alleingelassen zu sein, löst sich im Gespräch mit dem Pater in einem Zusammenbruch (Siebtes Bild, S. 63). Andri akzeptiert von da an die Wirkmacht der Ausgrenzung, die der Pater noch unbeabsichtigt verstärkt:

> »Kein Mensch, Andri, kann aus seiner Haut heraus, kein Jud und kein Christ. Niemand.« (S. 64)

Die Überidentifikation mit seiner Rolle als Jude, die durch kein Sachargument mehr zu erschüttern ist – weder dem Pater noch dem Vater glaubt er noch die Erklärung seiner wahren Herkunft –, entspricht als individuelles Verhalten seiner ihm von den Andorranern längst zugewiesenen Funktion als Sündenbock. Andri erkennt das selbst. Im letzten Gespräch mit dem Vater (Zehntes Bild) weist er dessen Erklärung, er sei sein leiblicher Sohn, mit dem Hinweis ab:

> »Jetzt brauchen sie nur noch einen Sündenbock.« (S. 93)

Barblin als nächste Außenseiterin

Barblin als »Ärgernis«

Die nächste Außenseiterin steht am Ende des Dramas in der Figur Barblins bereit, die zuvor als prinzipiell mustergültige Andorranerin gezeigt wurde – abgesehen von der Tatsache, dass sie wider andorranische Sitte einen scheinbaren Juden liebte: Sie ist es, die nicht konform ist, da sie nach der Judenschau verrückt geworden ist. Die Schuldigen sehen auch hierbei keinerlei Mitschuld bei sich selbst, analog zu dem, wie sie ihr Verhalten nach Andris Tod nicht reflektieren können und ihre Mitschuld überwiegend nicht sehen.

Der Soldat, der nicht nur mit den Demütigungen begann, sondern mit seinem Vergewaltigungsversuch Barblins Leben mit zerstörte, gibt vor, Barblin nicht zu kennen (S. 125). Der Doktor, der seine permanente Aggressivität in der Vordergrundszene unter Beweis gestellt hat, möchte sie direkt in eine Anstalt bringen lassen und somit den nächsten »Schandfleck« einfach beseitigen. Bei dem Versuch, die Judenschau und die Ermordung Andris möglichst schnell zu vergessen, ist Barblin im Weg:

»WIRT Sie ist ein öffentliches Ärgernis.
TISCHLER Sie soll uns in Ruh lassen.
WIRT Was können wir dafür?
GESELLE Ich hab sie ja gewarnt.« (S. 126)

Es deutet sich an, dass Barblin der nächste Sündenbock werden würde. Die Andorraner haben insofern aus dem Vorgefallenen nichts gelernt.

7. Autor und Zeit

Hohe Stirn, zurückgekämmtes Haar, Hornbrille und eine Pfeife im Mund – auf den meisten Bildern ist Frisch – egal in welchem Alter – schnell zu erkennen, sein Äußeres bleibt durch die Jahre hinweg charakteristisch.

Auf den ersten Blick scheint es auch, analog zu seinem Aussehen, als sei Frischs Leben ebenso gleichförmig verlaufen – geboren und verstorben in Zürich, die Uraufführung *Andorras*, wie fast aller seiner Stücke, fand ebenfalls dort statt und auch die Widmung, die dem Werk vorangestellt ist, gilt – natürlich – dem Schauspielhaus Zürich. Was sich zwischen diesen Eckdaten in Frischs Leben abspielte, war jedoch alles andere als ruhig, beschaulich oder eintönig: Max Frisch reiste viel und wechselte einige Male seinen Wohnsitz – mitnichten blieb er Zürich ein Leben lang treu. Frischs Werk ist umfangreich, es umfasst unter anderem Erzählungen, literarische Tagebücher und mehrere Romane. Von seinem Erfolg und der Anerkennung, die ihm gezollt wird, zeugen nicht nur Treffen mit Politikern und anderen hochangesehenen Schriftstellern, sondern auch eine Anmerkung des erfolgreichen Schweizer Schriftstellers Friedrich Dürrenmatt aus den 1970er Jahren: »Ich genieße ja den Vorteil, nicht so in Mode zu sein wie Frisch.«[29]

Die Suhrkamp-Textausgabe beinhaltet eine Zeitta-

29 Zitiert nach: Volker Hage, *Max Frisch*, Reinbek bei Hamburg 2011 (Rowohlts Monographien), S. 130.

Abb. 6: Max Frisch, um 1974. – CC BY-SA 4.0 / Comet Photo AG (Zürich)

fel, die einen schnellen Überblick über die wichtigsten beruflichen Lebensdaten Frischs bietet. Hier werden daher nur einige Aspekte herausgegriffen, die einen Eindruck von seinem Leben und vorrangig der Zeit, in der *Andorra* entstand, geben sollen.

Max Frisch ist nicht nur einer der bekanntesten und erfolgreichsten Schweizer Autoren, viele seiner Werke werden nach wie vor aufgeführt und sind zu Klassikern geworden. *Andorra* ist eines davon. Kurz zuvor, 1958, erschien *Biedermann und die Brandstifter*, ein kurzes Stück, das sich ebenfalls damit beschäftigt, wann »die ersten Risse in der Mauer«[30] entstehen, d. h., wie Gesellschaften einen Weg in katastrophale Entwicklungen einschlagen. Hintergrund ist, wenige Jahre nach Kriegsende, immer der Zivilisationsbruch der NS-Zeit.

Frisch begann seinen beruflichen Werdegang 1931 mit einem Germanistikstudium und der Arbeit als Journalist. Fünf Jahre später nahm er ein Architekturstudium auf, das er erfolgreich beendete. Bis 1955 arbeitete er als Architekt, ein eigenes Büro führte er ab 1942, parallel dazu schrieb er Theaterstücke und Romane, gründete eine Familie, unternahm einige längere Auslandsreisen und etablierte sich als erfolgreicher Schriftsteller. Auch als Architekt blieb er keineswegs ohne Erfolg: Das bekannteste Bauwerk Frischs, das in jeder seiner Biografien erwähnt wird, ist das 1949 fertiggestellte Schwimmbad Letzigraben in Zü-

■ Architekt und erfolgreicher Schriftsteller

30 Max Frisch, in: Wendt/Schmitz (Anm. 1), S. 19.

rich. Die Baustelle besichtigte auch Bertolt Brecht (1898–1956), den Frisch 1947 kennengelernt hatte und dem er einige Impulse für seine Stücke verdankte.

Als Max Frisch sein Architekturbüro 1955 auflöste, hatte er also bereits große Erfolge auf der Bühne und mit seinem Roman *Stiller* (1954) feiern können. Diese Erfolge wiederholte und übertraf er sogar noch im Anschluss mit seinem Roman *Homo faber* (1957) und dem Stück *Biedermann und die Brandstifter* (1958). 1958 erhielt er als erster Nichtdeutscher den Georg-Büchner-Preis, den renommiertesten Literaturpreis im deutschsprachigen Raum.

Vorarbeiten und Fertigstellung von *Andorra*

Während der intensiveren Arbeit an *Andorra* ab 1958 begann er eine Beziehung mit Ingeborg Bachmann und zog nach Rom um (1960). Am 2. November 1961 wurde das Stück im Schauspielhaus Zürich mit großem Erfolg uraufgeführt – unter der Regie von Kurt Hirschfeld (1902–1964), der dort u. a. auch Brechts *Herr Puntila und sein Knecht Matti* 1948 zur Uraufführung gebracht hatte.

Sein weiteres Leben war durchaus geprägt von weiteren literarischen Erfolgen, u. a. mit *Mein Name sei Gantenbein*, 1964, *Montauk*, 1975, und *Der Mensch erscheint im Holozän*, 1979. 1976 erhielt er den Friedenspreis des Deutschen Buchhandels. Der Nobelpreis blieb ihm, obwohl er stets als Kandidat galt, verwehrt.

Max Frisch reiste sehr viel, hatte teilweise mehrere Wohnsitze auf einmal, was er in den Entwürfen für sein drittes Tagebuch (das 2010 postum publiziert

Abb. 7: Max Frisch und Kurt Hirschfeld bei den Proben zur Uraufführung von *Andorra* im Schauspielhaus Zürich, 1961. – CC BY-SA 4.0 / Comet Photo AG (Zürich)

wurde) mit folgenden Worten nicht unkritisch betrachtete:

> »Manche finden das beneidenswert und schick, dass einer da und dort wohnt; manchmal finde ich es unterhaltsam, manchmal nur umständlich (wo sind die Bücher, die man grad braucht, oder Notizen, ein Dokument usw.), und im Grund erlebe ich es als Zeichen eines verfehlten Lebenslaufes.«[31]

31 Max Frisch, *Entwürfe zu einem dritten Tagebuch* (2010), S. 74; zitiert nach: Hage (Anm. 29), S. 106.

Max Frisch starb am 4. April 1991 nach schwerer Krankheit, kurz vor seinem 80. Geburtstag. Auf seine Verfügung hin sprachen bei der Totenfeier keine Vertreter von Staat und Kirche, sondern, neben anderen, sein Schriftstellerfreund Peter Bichsel; seine Asche wurde, auf eigenen Wunsch hin, verstreut.[32]

32 Dieses Kapitel basiert im wesentlichen auf der Biographie von Volker Hage (Anm. 29).

8. Rezeption

Reaktionen auf die Uraufführung

In Deutschland wurde Andorra als direkte Kritik am Verhalten »der Deutschen« verstanden, bezogen auf das durchschnittliche Verhalten während des Zweiten Weltkrieges. Dies wiederum klang für die Schweizer abstrus: »›Die These, Andorra bedeute bei Frisch Deutschland, klingt hier in der Schweiz ganz absurd. Wir haben immer zu wissen gemeint, daß Andorra zweifellos die Schweiz ist, die Schweiz, so wie sie sich Max Frisch im Falle einer Nazi-Besetzung vorstellen, wobei ›die Schwarzen‹ eben die Nazis sind. […]‹«[33].

Nachhaltiger Erfolg in Deutschland bis in die Gegenwart

In der Schweiz und auch in Deutschland feierte Max Frisch mit *Andorra* große Bühnenerfolge, die deutsche Uraufführung fand gleichzeitig an drei großen Theatern statt, in Düsseldorf, Frankfurt und München, kurze Zeit später folgte Berlin.[34] Und noch bis in die Gegenwart hinein wird es regelmäßig inszeniert; in der Spielzeit 2015/16 etwa gab es deutschlandweit 100 Aufführungen mit mehr als 20 000 Zuschauern.

Misserfolg in den USA

Die USA hingegen, wo Andorra im Februar 1962 am Broadway inszeniert worden ist, sprangen nicht so recht auf das Stück an. Es wurde nach einer Woche wieder aus dem Programm genommen.

33 Manfred Kuhn, »Andorra – überall«, in: *Die Zeit*, Nr. 8, 23. Februar 1962, S. 14; zitiert nach: Bänziger (Anm. 9), S. 80.
34 Siehe Bänziger (Anm. 9), S. 48.

Abb. 8: Plakat der Aufführung am Neuen Theater in Halle a. d. S. 1993, Regie: Urs Odermatt. – CC BY-SA 2.0 de / Peter Kersten / Urs Odermatt

In einem Kommentar in der FAZ[35] wurde vermutet, dass nur wenige amerikanische Zuschauer verstanden hätten, worum es überhaupt geht. Teilweise wurde dies mit der mangelnden Möglichkeit der Identifikation[36] erklärt: Die Möglichkeit, die Angst vor einem Überfall der mächtigeren Nachbarn nachzuvollziehen, die man in einem kleinen Land habe, sei so nicht nachvollziehbar.

Die Fülle an Kritiken ist unüberschaubar, ein gemeinsamer Tenor lässt sich natürlich nicht eindeutig festmachen. Einen guten, sehr ausgewählten Überblick geben die *Erläuterungen und Dokumente* (UB 8170) und die Materialien aus dem Suhrkamp-Verlag (st 653).

Antisemitismus als Modell?

Für die österreichische Presse äußerte sich unter anderem Friedrich Torberg negativ über die Uraufführung in Zürich. Zwar nannte er *Andorra* ein wichtiges Stück, doch bemängelt er, dass Max Frisch für die Konstruktion seines Modells gerade den Antisemitismus gewählt hat.

Max Frisch hat das ganz bewusst entschieden:

> »Warum ich den ›Jud‹ zum Beispiel nahm? Sein Schicksal liegt uns doch am nächsten, macht die Schuldsituation am deutlichsten. Außerdem ist es

35 Siehe Bänziger (Anm. 9), S. 58 f.
36 Siehe Bänziger (Anm. 9), S. 59.

> wirklich an der Zeit, den Stier bei den Hörnern zu packen und das Wort ›Jude‹ zu entschärfen. Morgen kann es ein anderer sein, der als andersartig angeprangert wird.«[37]

Gerade daran störte sich Friedrich Torberg 1961 in seiner Rezension der Uraufführung »Ein fruchtbares Mißverständnis«: Er beanstandet die angebliche Austauschbarkeit des Antisemitismus (»Heut oder morgen kann der ›Jud‹ Kommunist heißen oder Kapitalist, oder Gelber, Weißer, Schwarzer, je nachdem«; so hieß es im Programmheft der Uraufführung), die Frisch durch seine Modellhaftigkeit intendiert hatte. »Hier [...] wurzelt das fundamentale Mißverständnis des Stücks. Jude, Jude-Sein, Judentum mögen als Begriffe oder Tatbestände der Eindeutigkeit entraten. [...] Aber man kann ganz genau sagen, was sie *nicht* sind: sie sind keine Modelle, sie sind keine austauschbaren Objekte beliebiger (und ihrerseits austauschbarer) Vorurteile, wie ja auch der Antisemitismus kein beliebiges (und seinerseits austauschbares) Vorurteil ist.«[38]

Antisemitismus: kein austauschbares Vorurteil?

Verfilmungen

Nach der unter der Regie von Kurt Hirschfeld inszenierten Uraufführung des Zürcher Schauspielhauses von 1961 ist 1964 eine Filmfassung produziert wor-

37 Zitiert nach: Wendt/Schmitz (Anm. 1), S. 50 f. und 54.
38 Zitiert nach: Bänziger (Anm. 9), S. 50 f.

Kurt Hirschfeld 1964

den, ebenfalls unter der Regie von Hirschfeld (neben Gert Westphal, der auch als der Jemand selbst auftritt) und mit der gleichen Schauspielerbesetzung. An der Uraufführung war Max Frisch intensiv selbst beteiligt. Auch der Film ist ganz im Sinne Frischs zustande gekommen und allein deshalb schon sehenswert. Er ist auf YouTube zu finden.

Peter Heusch 1985

Das gilt auch für die Inszenierung des Düsseldorfer Schauspielhauses von 1985 unter der Regie von Peter Heusch: *Andorra ist überall.* Sie geht freier mit der Vorlage um, unter anderem fehlen die Vordergrund-Szenen an der Gerichtsschranke.

9. Wort- und Sacherläuterungen

7,2 **weißelt:** Barblin streicht das Haus mit Kalkfarbe weiß. In südeuropäischen Ländern, z. B. in Griechenland, sind Häuser häufig mit dieser besonders strahlend weißen Farbe angestrichen. Zu bedenken ist hier auch der metaphorische Gehalt: Die Farbe weiß steht für Reinheit und Unschuld nach europäischer Farbsymbolik.

7,8 **Sanktgeorgstag:** Der Heilige Georg ist ein Märtyrer aus der Zeit der Christenverfolgung (im 3. Jh.) und der Schutzpatron verschiedener Länder, so auch des literarischen Kleinstaats Andorra.

7,16 f. **Michelin-Männchen:** Werbefigur des französischen Reifenherstellers Michelin. Es ist weiß, sein Körper, seine Arme und Beine sehen aus, als wären sie aus Reifen zusammengesetzt.

7,18 **Hühnerbrust:** Dieser Begriff wird hier metaphorisch verwendet für eine schmale, wenig muskulöse (also »unmännliche«) Brust; dass Juden eine Hühnerbrust haben, gehört zu den antisemitischen Stereotypen.

7,22 **Plattfüße:** Es handelt sich hierbei um eine Fußfehlstellung, die man – wenn sie stark ausgeprägt ist – bei dem Betroffenen am Gang erkennt. Sie gehören zu den antisemitischen Stereotypen.

8,6 **Orchestrion:** eine Art Musikautomat, der ein Orchester ersetzen soll, also nur Instrumentalmusik wiedergibt. Bei Frisch ist eher an eine Jukebox zu denken, die nach Geldeinwurf diverse Lieder abspielt, je nachdem, was vorher »befüllt« wurde.

8,8 **behäbiger:** schwerfälliger, langsamer, träger.

8,27 **Kohlensack:** schweizerdeutsch abwertend für Priester oder Pfarrer (wegen der schwarzen Gewänder).

9,18 **Platzregen:** Sehr starker Regenschauer, der überraschend kommt und nicht sehr lange dauert.

9,26 **Tünche:** Farbe, auch im Sinne von »etwas übertünchen«, also etwas verdecken, verschleiern, verheimlichen.

10,18 **Pinte:** billige, kleine Kneipe.

10,21 f. **Kindermord zu Bethlehem:** biblische Anspielung: König Herodes befahl, nachdem er von der Geburt Jesu erfahren hatte, alle Jungen der Stadt Bethlehem und der Umgebung, die bis zu zwei Jahre alt waren, zu töten. Er wollte auf diesem Wege Jesus, den »neugeborenen König Israels«, ermorden lassen (Neues Testament, Matthäus 2,16–18).

11,25 **Vesperglocke:** Vesper: Abendgebet.

13,3 **Stores:** Vorhänge.

15,8 **einen Korn:** Schnapsart.

16,28 **Meßgewand:** Gewand, das der Priester beim Gottesdienst (Messe) trägt.

17,23 **Prozession:** Max Frisch erklärte dazu: »Die Prozession ist eine normale Prozession und sie soll schön sein. Diese Prozession hat unter anderem die Funktion, das Volk von Andorra zu zeigen, mehr als nur die handelnden Charaktere; sonst kommen die andern Andorraner erst bei der Judenschau plötzlich auf die Bühne, und das wäre schlecht« (zitiert nach: Wendt/Schmitz, s. Anm. 1, S. 57).

18,6 **Bajonetten:** Bajonett: Stichwaffe, die am Lauf von Schusswaffen angebracht werden kann.

20,16 **Trester:** Rückstände, die beim Pressen von Früchten entstehen. Daraus kann man Schnaps machen, den man ebenfalls Trester nennt – eine Kurzform von Tresterbrand.

22,1 **Bataillon:** militärischer Begriff für eine bestimmte Truppengröße.

24,3 **Zeugenschranke:** Bestandteil eines Gerichtssaals; trennt Zeugen von Richtern und Angeklagten.

25,25 **geil:** im ursprünglichen Sinn: sexuell erregt.

30,2 **Fräse:** mechanisches Gerät, mit dem man Späne vom Holz abheben kann, um Holz in bestimmte Formen zu bringen.

30,13 **Tschersi:** Jersey; dehnbarer Stoff, aus dem z. B. T-Shirts bestehen; hier: Bezeichnung für das Trikotshirt, das man zum Fußballspielen braucht.

31,13 **verzapft:** zusammengesteckt: Der »Zapfen« und der »Schlitz« werden ineinander gesteckt und halten Holzteile auf diese Weise fester zusammen als nur mit Leim.

31,20 **Ich feilsche nicht:** Ich verhandle nicht.

31,28 **Schneid:** Mut.

31,31 **Lehrlingsprobe:** Der Lehrling Andri muss ein Werkstück (einen Stuhl) anfertigen, von dessen Qualität sich der Meister, der Tischler Prader, überzeugt, um die erlernten Fähigkeiten zu überprüfen.

32,10 **lobpreiset:** Lobpreis und Anbetung sind besondere Formen des christlichen und jüdischen Gebets.

32,11 **Zedern vom Libanon:** Altes Testament, Psalm 92,13: »Der Gerechte wird grünen wie ein Palmbaum, er wird wachsen wie eine Zeder auf dem Libanon«.

33,24 **frank und blank:** »frank und frei«, also ganz ehrlich.

33,27 **rechte:** hier: ordentliche.

34,30 **schmähen:** beleidigen, schlechtmachen.

34,31 **frohlocken:** hier: Schadenfreude empfinden.

35,6 **Schnorr nicht soviel:** Schnorrer (schweizerdeutsch): Schwätzer, Großmaul; »Red nicht so blöd rum!«

35,8 **Klagemauer:** Gebetsstätte in Jerusalem für Juden; hier abwertend: Andri habe kein Recht, Einwände zu erheben und sich zu beklagen.

37,16 **mens sana in corpore sano:** (lateinisch) ein gesunder Geist in einem gesunden Körper.

38,26 **Bücklinge:** devote, die Unterlegen- und Untergebenheit signalisierende Verbeugung.

43,13 **Meßknabe:** Messdiener, beim katholischen Gottesdienst (Messe) anwesend.

45,21 **Tollkirschen:** giftige Beere, die auch für medizinischen Zwecke verwendet wird; in sehr niedrigen Dosen ein Halluzinogen; »toll« bedeutet auch ›irre, verrückt‹.

49,11 **Egel:** Gemeint ist wohl ein Blutegel: eine Wurmart, die Menschen und Tiere als Wirt benutzt und aussaugt.

51,3 **Schwelle:** Bereich auf dem Boden zwischen dem linken und rechten Türrahmen.

51,23 **riegelst:** verriegelst, schließt ab.

52,7 **wider mich:** zu mir.

52,24 f. **Klimperkiste:** Gemeint ist das Orchestrion, in das Andri sein Trinkgeld normalerweise gesteckt hat, sobald er es bekommen hatte.

55,3 **Hähne krähen:** Das dreimalige Krähen (auch 55,6 und 55,30) begleitet auch den Verrat des Petrus an Jesus im Neuen Testament, Matthäus 26,31–35.69–75, und verweist hier auf Cans Verrat an Andri. Can hatte nicht den Mut zuzugeben, dass er ein Kind mit einer »Schwarzen« gezeugt hat.

56,4 **Kann man finden einen bessern Stuhl …:** Andri tut hier so, als beherrsche er die einheimische Sprache nicht richtig. Dadurch und durch das Händereiben erfüllt er die gängigen Klischees eines Juden und nimmt die ihm zugewiesene Rolle an.

58,8 **Order:** Befehl.

59,2 **Sakristei:** Nebenraum der Kirche, Aufbewahrungsort für Dinge, die für den Gottesdienst gebraucht werden.

59,16 **Hochwürden:** angemessene Anrede für den Pater.

63,11 **schlotterst**: zitterst.

64,10 f. **Einstein:** Albert Einstein (1879–1955) war einer der bedeutendsten Physiker aller Zeiten, Nobelpreisträger und jüdischer Abstammung.

64,11 **Spinoza:** Baruch de Spinoza (1632–1677) war ein niederländischer Philosoph und ebenfalls jüdischer Abstammung. Durch den Vergleich entlarvt sich der Pater ebenfalls als mit Vorurteilen behaftet.

65,3 **Du sollst dir kein Bildnis machen:** Bestandteil der Zehn Gebote nach dem Alten Testament, 2. Mose 20,4: »Du sollst dir kein Gottesbild machen […]«.

66,11 f. **Man kann eine Fremdlingin nicht von der Schwelle weisen:** Man muss jeden bewirten, der bewirtet werden möchte, selbst fremde Frauen.

66,12 **Fremdlingin:** unüblicher Ausdruck für »fremde Frau«, sonst nur »der Fremdling«.

66,16 **Senora:** spanisch: *señora*: Frau; die Bezeichnung soll nicht bedeuten, dass es sich um eine Spanierin handelt, sondern nur das Fremde darstellen. Auf diese Weise muss Frisch dem Staat der Schwarzen keinen Namen geben.

68,22 **Spitzelin:** vergleichbar mit »Fremdlingin« (S. 66), auch eine unübliche Wortbildung.

69,13 f. **Ich wäre der erste, der einen Stein wirft:** Anspielung auf das Neue Testament, Johannes 8,7: »Wer unter euch ohne Sünde ist, der werfe den ersten Stein auf sie«. Der Wirt nimmt für sich also in Anspruch, kein Fehlverhalten an den Tag zu legen. Ironischerweise kündigt er damit zugleich das Verbrechen an, das er wohl später begeht: die Tötung der Senora durch einen Steinwurf.

69,21 **Klotz:** schweizerisch für: Geld.

70,14 f. **ein Volk ohne Schuld:** siehe Anmerkung zu 69,13 f.

72,17 **gafft:** glotzt sie unverhohlen an.

73,12 **Rabbi:** jüdischer Geistlicher.

73,13 **David und Goliath:** eine biblische Geschichte: David besiegt den Riesen Goliath dank eines Überraschungsangriffs mit einer Steinschleuder; ohne diesen Trick hätte er keine Chance gehabt, den Riesen zu besiegen (Altes Testament, 1. Samuel 17).

73,19 **Warum hast du mich verraten:** »verraten« ist hier nicht zu verstehen als Synonym von ›verpetzt‹, sondern im Sinne von ›mir nicht beigestanden, geholfen‹.

Darüber hinaus ist diese Stelle auch als Anspielung auf eine weitere biblische Geschichte zu verstehen (Neues Testament, Matthäus 26,48 f.): Judas hat Jesus verraten.

73,25 **Arrest:** Gefängnis.

73,31 **schlägt ihm … einen Haken:** versetzt ihm einen Boxhieb.

74,26 **Karaffe:** bauchiges, schönes Glasgefäß mit Verschluss.

79,25 **verdrieße:** verärgere (der Verdruss: Missmut, Ärger).

83,8 **Topas:** Mineral, als Schmuckstein verwendet; das Farbspektrum liegt im gelbbraunen Bereich, aber auch lila kommt vor.

92,25 **Kapitulation:** Unterwerfung, Aufgabe des Kampfes.

96,5 **Fötzel:** schweizerisches Schimpfwort gegenüber Fremden.

100,7 **ausgetilgt:** beseitigt.

106,3 **Pferch:** eingezäuntes Stück Wiese.

115,20 **Zwicker:** kleine Brille ohne Bügel, auf die Nase geklemmt (»gezwickt«).

116,29 **Hoheitszeichen:** Zeichen, das den Staat der Schwarzen symbolisiert.

117,4 **strauchelt:** stolpert, ohne hinzufallen.

118,16 **Krämpfe:** hier: Theater, Ärger.

121,2 f. **bängliche Heiterkeit:** bänglich: von »bange« ›voller Angst‹, gemeint ist also, dass aus Angst gekichert wird, um diese zu überspielen.

123,13 f. **präsentieren das Gewehr:** eine militärische Ehrenbezeugung.

10. Prüfungsaufgaben mit Lösungshinweisen

Aufgabe 1: weiterführender, kreativer Schreibauftrag

Nachdem Andri den Soldaten halbnackt und mit offener Hose in Barblins Zimmer gesehen hat (Ende des Sechsten Bilds), schreibt er einen Tagebucheintrag, in welchem er versucht, das zuvor Geschehene zu verarbeiten.
Verfasse diesen Eintrag. Beachte dabei die Entwicklung Andris bis zur Mitte des Stücks und mögliche Zukunftsperspektiven.

Lösungshinweise

Zum Inhalt:

- Kurze Darstellung, was passiert ist, bevor Andri den Soldaten entdeckt hat (Verwundern über das Abriegeln der Tür; Gespräch mit dem betrunkenen Can; Versuch, die Tür einzutreten)
- Ausdruck der Unfassbarkeit und des Entsetzens darüber, dass Barblin ihn (scheinbar) betrogen hat, nur kurz nachdem der Vater die Zustimmung zur Hochzeit nicht gegeben hat; ggf. auch Zweifel an der Intensität von Barblins Gefühlen
- Vorwürfe an Barblin
- Rückblick und Fazit. Andris Traum von einer Zukunft

mit Barblin und der Traum, Tischler zu sein, sind zerbrochen. Nicht nur die Andorraner grenzen ihn aus, sondern sogar die engsten Bezugspersonen, der Vater und Barblin. Betrachten sie ihn auch als Juden? Er spielt stattdessen eine Rolle als Jude mit Verkaufstalent und steht vor den Trümmern seines Lebens.
- Identitätskrise: Andri möchte ein »ganz normaler« Andorraner sein und wird stets als Jude ausgegrenzt. Aussichtslose Situation, möglicher Ausweg: Rolle des Juden annehmen.

Zur Form:
- Ich-Form
- Interjektionen, kurze Sätze oder auch Satzfetzen, rhetorische und »richtige« Fragen
- Wiederholungen des für Andri Unfassbaren

Aufgabe 2: Analyse einer Figur

Charakterisiere Andri und analysiere, wie er sich im Verlauf des Stückes entwickelt.

Lösungshinweise

- Zu Beginn ist Andri noch ein fröhlicher junger Mann, der gerne Musik hört, Träume hat, mit Barblin verlobt ist und als Küchenjunge arbeitet. Als er erfahren hat, dass er eine Tischlerlehre beginnen kann, scheint sein Leben perfekt zu sein.

- Beziehungsprobleme werden schon recht bald deutlich: Andri macht sich Gedanken über das, was die anderen über ihn sagen, Barblin möchte dies nicht besprechen.
- Die Tischlerlehre gestaltet sich anders als erwartet: Trotz seines großen Talents und handwerklichen Geschicks wird Andri vom Meister recht schnell wegen (angeblich) mangelnden Talents und Geschicks in den Verkauf gesetzt. Sein großer Traum ist trotz mutigen Aufbegehrens gegen den Tischler an dessen Unwillen und Unfähigkeit, einen guten Handwerker erkennen zu wollen, gescheitert.
- Was »der Andorraner« von Juden hält, erfährt er vom Doktor bei der Untersuchung.
- Als er später bei Can um Barblins Hand anhält, lehnt dieser ab. Andri versucht in einer ergreifenden Rede, den Vater von der Echtheit und Dauer der Liebe zu überzeugen, doch dies ist ein vergebliches Unterfangen.
- Andri will jedoch nicht so schnell aufgeben und schmiedet Pläne für ein gemeinsames Leben mit Barblin, das mit einer Flucht beginnen soll.
- Dass er beginnt, seine Rolle als Jude anzunehmen, zeigt sich im Gespräch mit dem angetrunkenen Can vor Barblins Tür.
- Andris Pläne mit seiner Verlobten sind zerstört, als er den nur noch teilweise bekleideten Soldaten eines Nachts in Barblins Zimmer sieht, da er aufgrund der verschlossenen Tür davon ausgehen muss, dass sich der Soldat im Einverständnis Barblins im Zimmer aufhält. Tiefpunkt der Identitätskrise (Ende des Sechsten Bilds).

- Seinen Wunsch, wie die anderen Jugendlichen zu sein, treibt ihm der Pater aus. Dieser rät ihm darüber hinaus noch dazu, sich zu lieben und seine jüdische Herkunft anzunehmen. Mögliche, aber falsche Lösung der Identitätskrise (Siebtes Bild).
- Andri identifiziert sich im weiteren Verlauf der Handlung mit dem Jude-Sein, trotz gegenteiliger Fakten.
- Trat er dem Soldaten im Ersten Bild noch verhältnismäßig gelassen gegenüber, provoziert er ihn nun (Achtes Bild) und greift ihn an.
- Die Fluchtgedanken hat er noch, nur kommt Barblin nicht mehr in ihnen vor.
- In einer ergreifenden Ansprache legt er dem Pater dar, wie er sich seit dem letzten Gespräch verändert habe (Neuntes Bild).
- Dies zeigt sich auch in den Gesprächen mit seinem Vater und seiner Schwester.
- Zum Schluss ergibt er sich widerstandslos in die Rolle des Sündenbocks.

Aufgabe 3: Vergleichende Analyse zweier Textstellen

Analysiere und erkläre, wie sich der Geselle gegenüber Andri verhält (Drittes Bild, unter Beachtung der Prügelszene im Achten Bild) und was er im Nachhinein über das Geschehene denkt (Vordergrund-Szene nach dem Dritten Bild).

Lösungshinweise

Inhaltsangabe:

- Wiedergabe des Geschehens in der Tischlerei (Drittes Bild): Zunächst entwickelt sich scheinbar eine Freundschaft durch das Angebot, Andri in die Fußballmannschaft Fedris aufzunehmen. Der Geselle geht weg, nachdem der Tischler gekommen ist. Die Überprüfung des Stuhls bekommt er nicht mit. Auf die spätere Frage des Tischlers, welchen Stuhl er gemacht habe, antwortet er zunächst nicht, dann in Floskeln, die er dem Meister nachspricht. Nachdem er weggeschickt wurde, verrät er sich beim Lauschen. Trotz der Tatsache, dass er weiß, dass der Meister nicht im Recht ist, greift er nicht ein.
- Prügelszene (Achtes Bild, S. 73 f.): Der Geselle gibt seinen Aggressionen freien Lauf.
- Vordergrund: Geselle gibt zu, dass er die »Verwechslung« der Stühle durch den Tischler bemerkte und Andri »nachher« auch nicht mehr habe leiden können. Er gibt Andri eine Mitschuld: Er sei »sich […] zu gut für uns« gewesen. Zum Schluss betont er seine Unschuld an Andris letztendlichem Schicksal.

Fazit und Erklärung:

- Der Geselle hat zwar mitbekommen, was sich in der Tischlerei abgespielt hat, war aber zu feige, um die Wahrheit zuzugeben – eine Eigenschaft, die Andri als vermeintlichem Juden nachgesagt wird. Dies wäre nämlich sehr peinlich für ihn geworden, da sich u. a. herausgestellt hätte, dass er der Talentlose ist.

- Unerwähnt lässt er, wie er sich wirklich verhalten hat (Prügelszene).
- Die Schuldzuweisung an Andri ist charakteristisch für das Sündenbock-Prinzip (siehe Kap. 6, S. 88 ff.).
- Fedri bleibt (wie die anderen Andorraner) unbelehrbar uneinsichtig und versucht nur, Schuld abzuwälzen.

11. Literaturhinweise/Medienempfehlungen

Grundlage dieses Lektüreschlüssels bildet die unkommentierte Suhrkamp-Textausgabe:

Max Frisch: Andorra. Stück in zwölf Bildern. Frankfurt a. M.: Suhrkamp [76]2015. (suhrkamp taschenbuch. 277.)

Um einen umfangreicheren Überblick über Max Frisch oder *Andorra* zu erlangen, eignen sich z. B. folgende Werke:

Bänziger, Hans: Erläuterungen und Dokumente. Max Frisch, *Andorra*. Stuttgart 2002 [u. ö.]. (Reclams Universal-Bibliothek. 8170.)

Frühwald, Wolfgang / Schmitz, Walter: Max Frisch: *Andorra / Wilhelm Tell*. Materialien, Kommentare. München/Wien 1977.

Hage, Volker: Max Frisch. Rowohlts Monographien. Reinbek bei Hamburg 2011. [Biografie Frischs, die viele Bilder enthält und angenehm lesbar geschrieben ist.]

Müller-Salget, Klaus: Literaturwissen für Schüler. Max Frisch. Stuttgart 2007 [u. ö.]. (Reclams Universal-Bibliothek. 15210.) [Interpretationen der wichtigsten Stücke Frischs, gute längere Einführung in Frischs Leben und Werk.]

Müller-Salget, Klaus: *Andorra*. In: Interpretationen. Dramen des 20. Jahrhunderts. Bd. 2. Stuttgart 1996. S. 92–108. (Reclams Universal-Bibliothek. 9461.)

Wendt, Ernst / Schmitz, Walter: Materialien zu Max Frischs *Andorra*. Frankfurt a. M. 1978.

Medienempfehlungen:

Es ist generell zu empfehlen, sich Hörbücher und Theaterfilme erst nach der Lektüre des Werkes anzuhören bzw. -sehen: Die Umsetzung zu gestalten birgt die Notwendigkeit, das Stück auszulegen, Streichungen vorzunehmen usw. Von daher kann es zu Bedeutungsverschiebungen kommen, die man nicht erkennt, wenn man das ursprüngliche Stück nicht gelesen hat.

Folgende, auf YouTube zu findende Theaterverfilmungen können empfohlen werden:

- Andorra. Inszenierung des Zürcher Schauspielhauses (Uraufführung) unter der Regie von Kurt Hirschfeld und Gert Westphal. 1961.
- Andorra ist überall. Inszenierung des Düsseldorfer Schauspielhauses unter der Regie von Peter Heusch. 1985.
- Andorra to go. Sommers Weltliteratur to go. [Unterhaltsame Zusammenfassung des Inhalts in 14 min.]

Sonstige Filme:

- Um die Zeitgeschichte mit Blick auf die Auschwitz-Prozesse und die entsprechende Aufarbeitung zu verstehen, ist empfehlenswert: *Das Labyrinth des Schweigens*, 2014, Regie: Giulio Ricciarelli.
- Die Vorurteilsproblematik ist auch in Rainer Werner Fassbinders Film *Katzelmacher. Preparadise sorry now* (1969) Thema.

12. Zentrale Begriffe und Definitionen

Aristotelisches Theater: klassische Dramenform, die nach den auf Aristoteles (384–322 v. Chr.) zurückgeführten Regeln gestaltet ist. Wesentlich sind die drei Einheiten von Handlung, Ort und Zeit (geschlossene Form) und der streng symmetrische Aufbau mit der Katharsis, der Reinigung von Affekten, als Ziel in der Tragödie. Gegenbegriff: ➤ Episches Theater.

➤ S. 58

Bild: in *Andorra* Frischs Bezeichnung für Szene oder Akt. Das klassische (aristotelische) Drama ist in (fünf) Akte, diese wiederum in Szenen aufgeteilt. Frisch löst sich von dieser Struktur. Die Bilder sind (meistens) unterbrochen von Vordergrund-Szenen, für die es ebenfalls keine Parallele in der klassischen Dramenform gibt.

➤ S. 59 f.

Episches Theater: Bezeichnung für die von Bertolt Brecht (1898–1956) in den 1920er Jahren entwickelte Dramenform, die sich als Gegenentwurf zum ➤ Aristotelischen Drama versteht. Wichtig ist, dass der Zuschauer eine kritische Distanz zum gespielten Geschehen entwickelt und zur Reflexion angeregt wird (anstelle der Affektreinigung). Zur Überwindung der Illusion im traditionellen Theater bedient sich das Epische Theater der Verfremdungseffekte. In *Andorra* wird beides durch die eingeschobenen Vordergrund-Szenen erreicht. Im Gegensatz zur klassischen geschlossenen Form zeichnet sich das Epische Theater durch eine lose Reihung von Bildern und eine offene Form aus.

Hauptunterscheidungsmerkmale zwischen dem Aristotelischen und dem Epischen Theater:

	Formaler Aufbau	**Handlung**	**Ort und Zeit**	**Wirkungsabsicht**	**Beispiel**
Klassisches Drama (nach Aristoteles)	Strenge Gliederung in Akte und Szenen	Abgeschlossene Form der Handlung	Einheit von Ort, Zeit und Handlung (drei Einheiten)	Katharsis, emotionale Läuterung durch Mitleid und Furcht	Lessing, *Nathan der Weise* (1779); Schiller, *Wilhelm Tell* (1804)
Episches Theater (nach Brecht)	Lockere Folge von Szenen oder Bildern, Unterbrechung durch Songs, Kommentare etc.	Offene Form der Handlung, oft offenes Ende	Verzicht auf die drei Einheiten (versch. Handlungsorte, Zeitsprünge etc.)	Kritische Distanz zum Dargestellten, Theater als Ort der Erkenntnis für gesellschaftliche Veränderungen	Brecht, *Mutter Courage und ihre Kinder* (1941); Frisch, *Andorra* (1961)

Aus: Yomb May, *Literarische Grundbegriffe*, Stuttgart 2012, S. 18

➤ S. 59 f.

Exposition: lateinisch *expositio* ›Darlegung‹. In der klassischen (aristotelischen) Dramenform der erste Akt, in dem Personen, Ort und Zeit sowie die Ausgangslage des Konflikts vorgestellt werden. In *Andorra* hat das Erste Bild eine vergleichbare Funktion.

➤ S. 10, 61, 64

Handlung: zeitliche Abfolge aller Ereignisse, die die Figuren eines dramatischen Werks verursachen oder erleben. In *Andorra* wird die Handlung, die in den Bildern fortfolgend dargestellt wird, unterbrochen durch Reflexionen der Beteiligten in den Vordergrund-Szenen.

➤ S. 63 f.

Katastrophe: griechisch, ›Umkehr, Wendung‹. In der klassischen (aristotelischen Dramenform der letzte (meistens fünfte) Akt, in dem der Konflikt durch den Untergang des Protagonisten aufgelöst wird. In *Andorra* kann das Zwölfte Bild als Katastrophe bezeichnet werden (Tod Andris und des Lehrers, Wahnsinn Barblins).

➤ S. 29, 63 f.

Katharsis: griechisch, ›Reinigung‹. Die Aufgabe der Tragödie war es nach Aristoteles, die Zuschauer zum Mitempfinden zu bewegen. Durch das Nacherleben der Emotionen des Helden sollten sich die Zuschauer reinigen, also sich selbst von diesen Emotionen befreien. Die Komödie sollte zum Lachen, die Tragödie zum Mitleiden bringen und so eine seelische Reinigung erreichen.

➤ S. 58

Leerstelle: Inhalte, Entwicklungen u. ä., die normalerweise absichtlich nicht genannt werden und somit »leer« für den Leser bleiben. Diese mit Inhalten zu füllen, ist die Aufgabe des Lesers, normalerweise sind mehrere Aspekte denkbar, wenn Autoren Leerstellen lassen.

➤ S. 67

Leitmotiv: Ein literarisches Motiv ist ein stoffliches Muster, das die Handlung eines Dramas durchzieht. Ein Leitmotiv ist eine besondere Form, die durch Wiederholung von gleichen Elementen Querverbindungen zwischen den Teilen eines Dramas herstellt. In *Andorra* ist z. B. das Orchestrion mit der immergleichen Musik vom Ersten Bild bis zum Tod Andris ein solches Leitmotiv.

➤ S. 66 ff.

Metaphorik: Das eigentlich Gemeinte wird bildlich durch etwas anderes ausgedrückt. Beispiel: »Der Mann war ein Wolf.« Gemeint ist, dass der Mann Eigenschaften eines Wolfes aufwies, der ja gemeinhin als bösartig und brutal gilt – man denke nur an die Darstellung von Wölfen in Märchen der Gebrüder Grimm.

➤ S. 56, 91 f., 111

Parabel: griechisch *parabole* ›Nebeneinanderstellung, Vergleich‹. Belehrendes Stück mit einer selbstständigen Handlung, in der eine allgemeine menschliche Wahrheit durch einen Vergleich anschaulich gemacht wird. Gemeint ist also eigentlich nicht der konkrete Inhalt selbst, sondern etwas Übertragenes, in *Andorra* etwa nicht das konkrete Schicksal Andris, sondern an seinem Beispiel (Modell) die Funktionsweise von Vorurteilen.

➤ S. 65

Protagonist: griechisch, wörtlich: ›erster Kämpfer‹. Hauptfigur des Dramas, in *Andorra*: Andri.

➤ S. 34

Retrospektive: Hierbei handelt es sich um eine Rückschau: In *Andorra* äußern sich die in den meisten Vordergrund-Szenen Auftretenden retrospektivisch zu den vergangenen Geschehnissen.

➤ S. 34

Rezeption: lateinisch *receptio* ›Aufnahme‹; die Art und

Weise, wie ein Drama von den Lesern bzw. Zuschauern sowie Kritikern verstanden und beurteilt wird.

➤ S. 106 ff.

V-Effekt: Der dem Brecht'schen Epischen Theater entstammende Gedanke, dass dem Zuschauer eines Theaterstücks durchgehend bewusst sein müsse, dass er sich ein Stück anschaut und dabei eine kritische Distanz hält, die zur Reflexion der Geschehnisse führen soll (Gegenteil: mit dem Helden mitfiebern und mitleiden), sollte durch den Verfremdungseffekt, den V-Effekt, umgesetzt werden. Auch *Andorra* trägt in diese Richtung gehende Züge, die jedoch nicht so konsequent wie bei Brecht ausgearbeitet sind.

➤ S. 60